봄을 알리는 새

봄을 알리는 새

차성만 제4시집

계간문예

| 시집을 내면서 |

스토리 텔링으로 엮어본 시

　인생의 중대 관심사인 사랑, 재력, 삶의 종말에 대하여, 한번쯤 고민을 해보지 않은 사람은 없을 것이다.
　젊은 날에 사랑과 돈 때문에 웃고, 울어야했던 사람들의 기억은 누구에게나 소중히 남아있다. 태어나면서 부터 인간은 삶의 종말로 치달려 가고, 굴곡진 삶의 그늘을 맛보기도 한다.
　도대체 고통은 어디에서 오는가? 퇴계, 율곡 등 선현들이 살아온 이야기, 남북 분단으로 인해 비극적인 삶을 살아야했던 예술가들의 이야기, 여자이기 때문에 불행했던 사람들의 이야기들을 스토리 텔링으로 살펴 보았다.
　조상들의 생활사를 기록한 고려시대 이제현의 '익재집' '역옹패설'을 비롯하여, 조선시대 서거정의 '태평한화', 강희맹의 '촌담해이' 등에서 보는 기문奇聞, 재치, 해학은 고금을 통하여 속된 음언야어淫言野語라 하였으나, 남녀간의 관심사를 다룬 진솔한 풍자의 일면도 있었다.
　일본 소설 《덕천가강德川家康》은 《대망》이라는 번역서로, 우리나라에서 많이 읽히고 있다. 조선 반도에서 건너가 일본의 지배층이 된 도래인들을 생각하면서, 역사에 묻혀진 사실을 유추類推 해 보았다.

조선 500년을 지배한 유일한 학문인 4서 5경四書五經은 당시 선비들이 교양과 지식을 함양하고, 과거科擧 급제를 위하여 공부한 교과서였다.
 어려운 한문 경전을 이해하기 쉽게, 한글로 풀어서 주요 내용을 다시 소개해 보았다.
 불교의 주요 경전인 지장경, 아미타경, 천수경, 밀교경전, 대부분 무슨 뜻인지도 모르고 염불하고 있는 한문 내용을 한글로 풀어서 읽어보면, 불교의 민낯을 만나게 된다.

 과거 역사와 함께 숨쉬고 있는 오늘, 다시 과거로 돌아가고, 미래는 예측하기 쉽지 않다. 인간이 욕심과 어리석음에서 벗어나, 헛되지 않은 삶을 누릴 수 있기를 바라면서, 외국에서 교포가 된 딸과 사위, 아이들의 조국을 생각하면서, 이 책을 세상 사람들에게 전한다.

2019년 9월 30일

과산果山 차성만

■ 차례

시집을 내면서 · 4

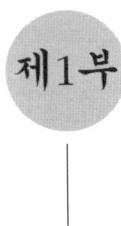

제1부

사랑의 묘약

하늘 · 14
당신이 아니라면 · 15
기분 좋은 사람 · 16
나 홀로 사는 것 · 17
사랑의 기억 · 18
사랑 싸움 · 19
눈을 마주치며 · 20
사랑의 묘약 · 21
속 마음 · 22
사랑의 시詩 · 24
연가戀歌 · 25
하얀 꽃 · 26
우연의 선택 · 27
관계 · 28
돌아온 영혼 · 29
강아지를 좋아하는 여자 · 30
돌아가는 길 · 32
귀로歸路 · 34
이별 · 35
봄날 · 36

제2부

고통은
어디에서
오는가

_ 스토리 텔링

관직을 버리고 • 38
정치는 쉬운 일이 아니야 • 41
술을 사랑하는 노래 • 44
강촌에 낚싯대를 드리우고 • 48
연암燕巖의 문장 • 54
개혁의 꿈 • 56
앞서 가는 길 • 59
나비는 날아서 • 63
흔들리는 혼무魂舞 • 66
근역 서화징槿域 書畵徵 • 68
류일한 • 70
군상群像 • 72
고통은 어디에서 오는가 • 75
앤디 워홀 • 79
조동탁 • 82
심수관 • 84
함께 사라져가다 • 86

제3부

녹파 잡기
__ 스토리 텔링

녹파 잡기 雜記 • 90
첫날밤에 • 92
듣기 좋은 소리 • 93
생각과는 다르게 • 94
오성 鰲城 대감 • 96
소원 • 98
명기 名妓 • 100
황제의 비법 • 103
원님 재판 • 106
옹기 장수 • 108
원이 엄마의 편지 • 110

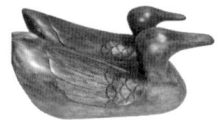

제4부

대망大望
__ 스토리 텔링

봄을 알리는 새 • 116
여성의 노래 • 120
봄의 천둥 소리 • 125
때를 기다리는 호랑이 • 129
구름을 부르는 자 • 133
보이지 않는 실 • 140
소나기 구름 • 146
눈보라 치는 성城 • 152
마음에 내린 서리 • 158
아내가 아닌 어머니 • 162
땅으로 돌아가는 자 • 166
살아있는 증거 • 172
천해 일여天海 一如 • 177
천명天命과 운명運命 • 179

제5부

뿌리를 찾아서

비천飛天 • 186
벽화 • 187
구리 거울銅鏡 • 188
신안 무역선貿易船 • 189
옛 기와瓦當 • 190
잡동사니 • 192
망우리忘憂里 • 193
소주 • 194
김치 • 195
천재가 된 제롬 • 196
자녀를 위한 기도 • 198
아가에게 • 202
뿌리를 찾아서 • 204

제6부

4서 5경
四書 五經

공자의 문답問答 · 210
호연지기浩然之氣 · 213
덕德에 들어서는 문門 · 217
불편부당不偏不黨 · 220
시 삼백 편 · 223
요순堯舜의 정치 · 226
길흉화복吉凶禍福 · 230
노魯나라 역사 · 233
예절 규범 · 236

제7부

어머니 나라

꽃잎 · 240
선암사 · 242
밀교密教 · 244
지장경 · 247
관세음 보살 · 250
아미타불 · 252
금강경 · 255
천국 · 259
은진 미륵 · 262
인생의 달인 · 264
옥천 사람들 · 266
어머니 나라 · 267

제1부

사랑의 묘약

하늘

하늘에 떠있는 별들이 바다로 가면
아름다운 신비의 강은 우주로 나가고
그들의 속삭임도 아득히 사라져가는데
조용히 멀어져가는 인간의 작은 모습

산 너머 흘러가는 은하수 저 편
달 속에서 움직이는 미지의 그림자
소리없이 떨어지는 별똥별
풀벌레 우는 대지의 밤은 깊어간다

반짝이는 기쁨이 제 자리를 지키고
홀로 있어도 함께 있다는 행복
삶의 경쟁이 의미가 없어지는 하루
낮엔 이국異國에서 무지개를 본다.

당신이 아니라면

봄바람처럼 살며시 다가온 당신
유난히 무더웠던 여름날의 체취
가을바람에 떠나가는 이별 여행
눈내리는 겨울 밤에 느끼는 체온

비가 오던 밤에 당신과의 포옹도
겉치레 옷에 감춰진 부드러운 감촉으로
진정한 사랑은 시간 가는 줄 모르고
둘에게 남겨진 애틋한 비밀

당신이 손을 뿌리치며 돌아설 때
사랑은 만날 때에 헤어질 것을
예고하듯 아쉬운 흔적
길어지는 겨울의 침묵…

기분 좋은 사람

함께 있으면 기분 좋아지는 사람 사람
남자와 여자가 느끼는 감정
서로 쉽게 사랑하고 싶은 관계

듣기 좋은 말만 하는 것도 아니고
잘 보이려고 꾸미는 것도 아닌데
상대의 말에 귀기울이는 관심

세상 살면서 슬픔을 함께 나눌 수 있고
힘들 때 마주보고 눈물 흘릴지라도
마음 터놓고 상대할 사람이 있다면…

남자는 여자보다 통화 시간이 짧고
스포츠 중계를 보면서 몇 마디 하지
않는다고, 여자가 서운해 하지 않고

여자는 작은 선물에 감동하고, 머리를
새로 했거나, 옷에 신경을 쓰고 나오면
"예쁘다", "사랑해" 웃으며 맞는다

만날 때 긴장은 기다림, 설레임은 사랑
열정으로 변하여 서로 인정해준다면
씹다버린 껌이 되지 않을 수 있다.

나 홀로 사는 것

세상에는 남자와 여자가
거의 절반씩 살고
홀로 사는 남녀는 점점 늘어나는데

남녀가 한순간을 즐기려고 서로 찾는
것이 아니고, 평생 만족하고 사랑할
사람을 찾으려는 생각

남자는 모두 부드럽고, 질기며, 한 번
쓴 다음에 버릴 수 있는 티슈같은 휴지도 아니고

여자는 억지로 아무 남자든 만나서
진지한 만남을 계속 이어갈 수도 없고
노처녀 소리 듣기 싫어 결혼할 수는 더욱 없고

자신에게 맞는 남자와 여자가 없다고
각자 홀로 사는 남녀들은 사는 게
편하기도 하고, 혹 불편하기도 하다

완벽한 남자도 없고, 완벽한 여자도 또한
찾을 수 없는데, 서로 보완해주고, 책임감
있는 사람을 어디에서 만날 수 있으려나?

사랑의 기억

나를 사랑해주는 사람을 원하며
한 눈에 반해버릴 사람을 원하며
남자와 여자가 만나 사랑하길 바라는
연애 시장에서도 경쟁은 치열

상대보다 자신의 모습을 돌아보며
자신을 보여주는 지금 최고의 모습인지
자신을 얼마나 사랑하고 있는지
자신이 모르는 무언가가 있는지?

예쁘고 아름다운 건 선천적 운명
자신을 부풀린다고 될 일이 아니고
진실되고 진지한 마음 가짐
거짓 꾸민 자신감은 경쟁력이 없다

세상에 나처럼 뚱뚱하고 못생긴 사람
상처받고 무시당할까 두려워하는 마음
사람을 피하는가? 자신에 대한 부정적
생각은 얼굴 표정과 행동으로 나타나고

자신을 사랑하는 긍정적 이미지의 표현
자기 자신을 싫어하면 남들도 싫어하고
잘 웃고, 이야기에 귀를 기울이고, 재미있어 하면
기억에 남는 사람이 된다.

사랑 싸움

남자는 사랑에 빠지면
여자를 소유하려 하고
여자의 불안한 마음은
두려움으로 변하는 갈등

전화를 걸지도 않고
받지도 않으면서
의사 소통도 없고
번지는 사랑 싸움

사랑은 게임처럼 이기려하고
자존심으로 서로 마음이 상하면
끝내 헤어지고 마는데
말 잘 듣는 개나 한 마리 키워야지…

눈을 마주치며

서로 눈을 마주치며 바라보는 건
사랑을 확인하는 의미
상대가 자신을 어떻게 생각하는지
자신이 상대를 어떻게 생각하는지

서로 매력적으로 보일 수 있는 기회에
적당한 몸짓을 섞어가며, 분명하고 정확한
목소리로 솔직한 생각을 말하면
외모보다 성격이 더 돋보일 수 있고

외모 말고도 보여줄 것이 많이 있고
마음은 항상 따뜻하고 너그러우며
내 인생을 변화시킬 수 있는 건 나
행복은 내가 만드는 안식처

무작정 사람들 앞에 나서지 말고
자신의 가치관과 믿음이 있음에
대화와 행동에서 그걸 반영해야
눈에 보이는 게 전부가 아니니까.

사랑의 묘약 妙藥

서로 사랑만 하고 살 수 있을까?
서로 미워하지 않고 살 수 있을까?
사랑이 깊어지면 미움
미움이 깊어지면 아픔
아픔을 치유해줄 묘약은 있을까?

직면한 갈등의 늪에서 허우적거리고
언어 폭력이나 육체적 폭력을 가하고
술과 도박에 중독되어 방황을 하고
여러 사람에게 다리를 걸치는 난잡함
질투와 미움으로 차가워지는 사랑

사소한 문제로 다투느라 본질적 문제의
회피, 내버려두면 더 나빠지는 남녀 관계
세상에 행복한 커플이 어디 있으리?
싸우더라도 해결책을 찾을 수 있고
서로 좋아하는 걸 재미있게 공유한다면…

사랑은 정신적 반응, 서로 원하는 육체적
스킨쉽, 갈등과 사랑도 함께 공존
사랑의 묘약을 쉽게 찾을 수 없을까?
사랑은 갑자기 찾아왔다가, 금새 사라진다
사랑의 묘약은 내 안에 있는데…

속 마음

상대의 속 마음을 모르면 괜찮은데
거짓말을 자주 하며, 화를 잘내고
감정이나 경제적으로 의지하려 하거나
잠자리를 원하면서 책임질 줄 모르고
잔소리하며, 일일이 간섭하는 남자
여자를 숨막히게 하는 괴로운 상대

인생을 피곤하게 하는 여자의 습성
지나친 자기 주장과 이기주의적인 여자
사람들을 무시하고 예절이 없는 여자
잘못을 인정하지 않고 변명만하는 여자
남자의 약점으로 기죽이려는 여자
스트레스와 콤플렉스를 품은 지뢰밭

대화에서 말하기 보다 듣는 게 중요하고
말보다 행동과 태도가 비중이 더 높다
마음에 드는 사람의 말은 믿게 되고
자신을 좋아하는 것처럼 보여야
상대도 마음에 들어하게 된다.
상대를 애타게 하고, 신비감의 유지도 소중하다

상대의 속 마음을 알기 위하여,
개인적인 이야기도 나눠야 하고

남녀가 어디까지 발전할지, 어디로 가고 있는지
말과 다른 행동을 하고 있지 않은지를 알아내어
계속 만나야 할지를 판단한다.
사랑은 배달된 음식을 먹는 게 아니다.

사랑의 시詩

사랑이 어떻게 왔는지 기억하나요?
봄날의 햇살과 함께
꽃바람처럼 온 게 아니었고
그 언젠가 그대가 나를 보았을 때
나는 사랑의 시를 읽고 있었다네

당신이 무슨 일로 울고 있을 때
나도 당신을 위해 울고 싶었고
무슨 일이 있었느냐는 듯이
고개를 들어 웃고 있을 때엔
나도 다정한 미소로 답하였다네

그대의 검은 눈동자 속에 비치는 얼굴
마음의 방황은 이젠 끝이려니…
손과 손을 마주 잡고 얼굴 대하면
어느 강가에서 흐르는 물처럼
우리는 사랑으로 함께 떠나고 싶었네

나뭇잎 속삭이는 숲속, 새들 노래하고
먼 곳에서 그림자 깊은 정에 쌓이어
우리는 사랑하는 연인이라 서로 느꼈고
아무리 내 눈을 감고, 귀를 막아도
당신이 보이고, 사랑의 음성이 들리네.

연가 戀歌

오랫동안 새장에 갇혀 울던 새
자유롭게 날아간 넓은 세상
어여쁜 장미의 붉은 정원
사랑을 속삭이는 새들의 무리

저녁 노을녘까지 일하는 농부들
밤에는 속삭이는 수많은 별들
달을 보고 우짖는 짐승들
사랑을 나누는 풀벌레 소리

바람따라 흔적도 없이 날아간 영혼
나뭇가지 위의 허전한 보금자리
배고픔과 피곤함은 견딜 수 있어도
혼자라는 외로움에 홀로 노래 부른다.

하얀 꽃

커피를 마시다 바라보면
짙은 향기에 취하는
순백純白의 목련꽃

실수해서 화가 났을 때
살짝 눈을 흘기듯
바람에 떨어지는 하얀 꽃

기쁘거나 짜증날 때
술 한잔을 함께 마시며
옆에 있어주는 누이같은 꽃

서리가 내리는 가을
카톡 사진에서 다시 보는
볼수록 정다운 하얀 국화꽃

우연의 선택

어릴 적 꿈꾸던 백마 탄 왕자
동화책에서 보던 신데렐라 공주
여간한 행운이 아니면 찾기 힘들고

양지에서 자라는 꽃
음지에서 자라는 야생화
때가 되면 활짝 꽃을 피우기도

사람은 누구나 사랑하기 위해 태어났고
사랑을 하면서 웃고 울면서 성장해가고
죽도록 사랑하다가 끝내 죽어간다

사랑에 눈이 멀어 아무 것도 보지 못해도
사랑의 기쁨보다 가슴 찢어지는 아픔이어도
사랑은 온유하고 아름답다

선택의 순간에 주어진 폭은 넓지 않아
직업을 가지는 것도, 연인을 만나 평생
친구로 함께 사는 것도 우연의 선택

관계

서로 사랑하고 그리워하는
사람의 자연스러운 욕구
누구나 겪어야 할 인간 관계

남녀는 편한 관계를 원하며
영원한 동반자인 양
연애도 하고, 결혼도 한다

살다보면 대수롭지 않은 일
서로 마음 상하는 일
자식들도 뜻대로 되지 않는 일

새로운 사람을 찾아서 헤어지고
제 갈 길을 가다가 만나는 사람
사랑스런 관계는 일시적인 착각

못된 사람들이 있어 피해를 당하고
미투 운동으로 일방적 위기에 몰리고
쾌락의 관계는 파탄에 이르기도

남녀의 권태기에 보는 관계의 일탈
성직자인 신부, 승려의 일시적 일탈
관계는 법과 도덕의 한계를 넘어선다.

돌아온 영혼

달이 흘러가는
산 그림자 끝자락

담배 연기는 바람 속으로
흔적없이 사라지고

4살 때 아버지는 영영 떠나시고
3살 많은 언니와 남겨진 세상

궁핍과 보이지 않는 핍박
눈물도 나오지 않는 설움

담배 연기처럼 날아가는
멈추지 않는 인고忍苦의 시간

스무 살 넘어 만난 인연
가지 많은 나무에 부는 바람

거리엔 연기로 뒤덮인 함성
그침없는 송사訟事의 시달림…

여든이 넘어 돌아온 산사山寺
영혼이 바람과 함께 맴돈다.

집 그림자는 흔적도 없이
이제 편히 잠을 드시려나…

강아지를 좋아하는 여자

사랑도 슬픔도
바람에 날리는 흙먼지

경상도 땅 언덕의 나무 아래
아버지의 영혼을 뿌리고

헤어졌던 어머니를 다시 만나
함께 사는 여자

고통스런 인연은 끝이 없이
흙수저 삶의 서러움

한잔 술의 위로는
흐르는 눈물 방울 방울

명랑한 표정을 지으려해도
희로애락의 고통으로 남는 여운

문을 열면 반겨주는 강아지
가슴에 안고 잠이 드는 여자
꿈속에서 만나는 아름답고
낯선 먼 이국 땅

마음의 위안으로 다가오고
마음을 훔쳐가는 사람들

잠에서 깨어나면 남은 건
고통으로 이름지은 형상

돈도 남자도 가족도…
외로움에 눈물을 삼킨다.

돌아가는 길

남자 아이가 울고 있다
여자 아이도 울고 있다

앞으로만 가다가
뒤를 돌아볼 줄도 모르고

학교 성적이 어떻기에
학교 친구들이 어떻게 했길래…

바르게 살면서
참을 줄도 알면 좋으련만

아파트 옥상 꼭대기에서
눈을 딱 감고 떨어지다니…

조바심내던 엄마의 아픈 마음도
친구들의 후회도 아무 소용없으리

세상의 좌절은 시작에 불과한데
마라톤은 중간도 뛰지 못했는데

가다가 힘들 때는 쉬어서 가고
돌아서 가도 좋으련만…

슬픔과 기쁨이 교차되는 굴레에서
아픔 뒤에 오는 값진 보람도 있을텐데

꼴찌에게 보내주는 박수
부족한 점을 감싸주는 아량

남자 아이도, 여자 아이도
울다가 웃으면서 갈 수 있을 텐데…

귀로 歸路

손녀가 낳은 쌍둥이 아들들
어딘가 닮은 데가 있어
환하게 웃으시던 얼굴

조상들이 묻힌 산 아래 무덤가
잡풀을 뜯어내시며 밀려오는
불효막심한 지난 날의 후회

바람 불어 떨어지는 밤과 대추
여기 저기 흩어져 뒹구는 저녁 길
패배자되어 돌아서시는 뒷 모습

이별

꿈속에서 보았네
천진스런 모습
반가워하는 귀염둥이

촛불을 밝히면서
떠나 보내야하는 순간
웬지 고이는 눈물

그리워질 땐 기억하리
함께 한 시간
너의 이름을…

이젠 꿈나라에서 잠든
멍멍이와 야옹이들
나무 밑에 흔적을 뿌린다.

봄날

하얀색 상의 교복이
비에 젖어 흘러내려도
개나리 꽃 울타리 지나
걸어가던 학교길

천진스레 웃고
작은 슬픔에도 울고
호기심 많고
가난한 마음이 싫어지고

광화문 거리
정동 좁은 길가에
아직도 서있는 여학교
길 건너 학교는 없어지고

봄날은 꽃바람처럼 지나가고
경희궁 언덕길에 나뭇잎 떨어져
하얀 눈이 내리면
다시 떠오르는 해맑은 얼굴들

제2부

고통은 어디에서 오는가
― 스토리 텔링

관직을 버리고

태어난 지 7개월 만에
아버지가 돌아가시고
어머니 박씨는 농사짓고
누에를 치며

"세상 사람들이 과부의 자식이라고
비웃는데, 너희들이 남들보다 백배
더 열심히 공부하지 않으면
비웃음을 면하겠느냐?"

퇴계 이황은 여섯 살 때부터
천자문을 배워 글을 읽었고
혼자 골똘히 사색하기를 좋아하였고
'성리학 대전' 가운데 '태극도설'을 읽으며

자신도 모르게 마음이 즐겁고
눈이 열리는 듯 하였다
오래 읽을수록, 그 의미를 깨닫게 되고
그 안으로 들어가는 길을 알 수 있었다

공부를 좋아하는 이황도 과거에 세 번 낙방
서른 살이 넘어서 과거에 급제
정계에서 출세하기보다, 학문을 좋아하여
관직에서 물러나고자, 자주 올린 상소

뜻대로 되지 않아, 한가한 직책이나 휴가를 얻었다
퇴계는 자신들의 이익과 정치적 야욕에 의해 다투는
정치판에서 벗어나려고, 고향에서 서당을 열어
제자들을 가르치고, 선비로서 자연을 사랑하였다

청산靑山은 어찌하여 만고萬古에 푸르르며
유수流水는 어찌하여 주야晝夜에 그치지 않는고
우리도 그치지 말아 만고상청萬古 常靑하리라

고려 시대 주자朱子의 학문은 성리학
조선의 퇴계는 이理를 중시하는 주리론主理論
주자의 서한문을 엮은 "주자서 절요朱子書 節要"
20권은 퇴계가 이룬 성리학의 위대한 발전

도학道學 군자인 퇴계에 관한 우스개 소리
첫날밤을 치른 딸에게 장모가 물었다.
"신랑이 귀여워해주더냐?"
"말도 마시소. 개입디더"

퇴계의 둘째 아들이 죽자
며느리 류씨의 슬픔이 안타까운 퇴계는
며느리와 한 남자의 염문 관계를 들어
과감히 내쳤고, 후에 그들은 재혼하였다

임진왜란 때 퇴계의 문집은 일본으로 반출
에도 막부에서 그의 저술들을 간행
막부는 퇴계의 사상을 연구하고
일반에게 보급시킨 일본 유학의 뿌리

일본은 국가의 기본을 '무사들의 칼' 문화에서
'충효'의 유학사상으로 바꾸어 놓았고
일본 유학儒學 사상의 주류는
퇴계 사상으로 지금까지도 계속된 연구

퇴계는 평소 속병으로 몸이 약하여
단전 호흡을 즐겨하였고
투호投壺 놀이도 하였는데
70세인 고희古稀에 세상을 떠나셨다

"저 매화에 물을 주거라
명정銘旌에 벼슬 이름을 절대 쓰지말고
처사 이공處士 李公으로 쓰라"는 유언
벼슬아닌 학문을 좋아하는 선비의 모습

정치는 쉬운 일이 아니야

16세 때 어머니 신사임당이 돌아가시자
금강산에서 불교 공부를 하며
"인간은 왜 태어나고, 왜 죽는가"
해답을 얻지 못한 채, 20세에 하산

율곡이 지은 "연비어약鳶飛魚躍"의 시詩
솔개가 날고, 물고기가 뛰는 이치는
위나 아래나 매 한 가지일세
이는 색色도 아니요, 또한 공空도 아니라네

실없이 한 번 웃고, 내 신세 살펴보니
석양에 나무 빽빽한 수풀 속에 홀로 서 있네
일찍이 율곡은 13세 때 진사 초시에 장원 급제
20세 이후에도 학문에 전념

29세까지 별시를 비롯하여, 9번 장원 급제
구도 장원공九度 壯元公
당대 최고의 천재
관직에 나아가서도 학문 연구에 몰두

유교의 진리를 통해 현실 문제를 타개하려는
"자경문自警文"을 쓰고, 백인걸, 성혼, 이황,
정철, 조식과 교류하며 학문을 논하였고
이기일원론과 주기론主氣論의 입장

율곡의 관료 생활 초기에는 외척 윤원형,
승려 보우의 비행을 상소하여, 관직에서 축출
선조가 즉위하자, 서인 심의겸 측과 동인 김효원
측으로 갈라져, 당파 싸움에 조정은 어지러웠다

율곡은 당쟁 초기에 이를 막아보고자 당사자인
심의겸과 김효원을 외직外職으로 내보낼 것을
선조에게 건의하여 관철시켰고, 율곡은 양측으로
부터 비난받은 양시양비론兩是兩非論

율곡은 관직을 사퇴하고 황해도 해주로 내려가
학문의 터를 닦았고, 파주 율곡촌에 머무르며
성혼과 이기론, 사단칠정론을 논하였고, 서인
윤두수, 윤근수, 정철, 송익필과 친해졌다

율곡은 동·서인의 비생산적인 논쟁을 중단
조정에서 국사와 민생문제를 논할 것을 호소
군제軍制와 공직 개혁, 당파를 초월한 인재 등용
서얼에게도 벼슬을 주자고 하였다

율곡은 어릴 때 벗이었던 정철이 술을 너무 마시고
정적政敵을 배제하는 격한 성격에 자제를 당부
선조에게도 "전하에게 충성을 다짐하는 사람보다
자신의 일에 충실한 사람 기용"을 건의

일본의 침략에 대비하여 "10만 양병설"을 주장
조정에서는 대책이 없었고, 과로로 병석에 누운
율곡은 49세에 세상을 떠났다. 대책없이 당파 싸움에
골몰하던 관료들에게 닥쳐온 임진왜란

임금은 의주까지 피난 가고, 동인들인 류성룡
김성일은 율곡의 예측에 뒤늦은 감탄과 존경
율곡의 사상과 학문은 이항복, 김상용, 김상헌
김장생, 송시열 같은 서인들에게 이어졌다.

술을 사랑하는 노래

인종의 후궁이 된 누이와 계림군의 부인이 된
여동생, 정철은 궁중 출입이 자유로웠고
훗날 명종이 된 경원대군과도 친했다
계림군이 을사사화에 연루
정철은 아버지를 따라 유배지를 전전

아버지가 귀양살이에서 풀려나자, 정철은
할아버지 산소가 있는 담양으로 이주移住
이곳에서 임억령에게 시를 배우고
김인후, 송순, 기대승에게 학문을 익혀서
27세 때 과거에 장원급제

정철은 관직을 지내면서 청렴하고, 용맹스런
성품, 지독한 음주 습관, 대낮에 만취한 탓에
갓과 옷차림이 늘 한쪽으로 기울어져 있었고
임금이 불러도 깨지 않아
등청하지 못하는 사례도 있었다

동·서 당쟁의 여파로 조정에서 물러났다가
정철은 다시 강원도 관찰사로 복직
금강산과 관동 8경을 여행하면서
정철은 관동별곡과 백성들을 교화하기
위하여 지은 훈민가 16수

아버님 날 나으시고 어머님 날 기르시니
두 분 곧 아니시면 이 몸이 살았으랴
하늘같은 은덕을 어디에다 갚을손가

어버이 살아실 제 섬길 일 다하여라
지나간 후에 애닯다 어찌하리, 평생에
고쳐 못할 일은 이뿐인가 하노라…

장남의 죽음으로 선산이 있는 경기도 고양에
머물다가, 정여립 모반 사건이 일어나자
우의정이 된 정철은 역모 사건을 심문하면서
정철은 동인들의 죄상을 맹렬히 추궁하고
단죄하는 기축옥사를 3년에 걸쳐 주관

동인의 영수인 이발을 비롯하여 정언신, 최영경
정개청 등 1천여 명의 동인들이 희생
무고한 인사들까지도 다수 포함
기축옥사를 통해 정적들을 제거한 정철은
좌의정에 오르나, 거센 성품으로 고난을 자초

정철은 조정에서 세자 책봉 문제를 건의하려고
동인인 이산해, 류성룡과 사전에 상의
선조를 알현한 자리에 이산해는 약속을 핑계로
안 나오고, 등청한 류성룡은 주청을 망설였다

정철이 혼자 광해군의 세자 책봉을 건의

선조는 아직 마흔이 되지 않았는데, 세자 책봉하자는
주청에 몹시 불쾌하게 여겼고, 후궁 김씨
소생인 신성군을 더 마음에 두고 있었다
이를 계기로 와해 직전에 있던 동인 세력들이
일대 공세를 펼쳤고, 정철은 함경도로 유배

내 마음 베어내어 저 달을 만들고자
구만리 장천에 번드시 걸려있어
고운 님 계신 곳에 가 비춰어나 보리라
송림에 눈이 오니 가지마다 꽃이로다
한 가지 꺾어내어 임계신 데 보내고자
임이 보신 후에야 녹아진들 어떠리…

1년 뒤 임진왜란으로 개성에 피신한 선조
유생들이 정철을 풀어줄 것을 호소
선조의 부름을 받고 강계에서 돌아온 정철
박천, 가산, 의주까지 임금을 호종하였고
양호체찰사의 임무를 맡게 되었다

재차 동인들의 공격에 지친 정철은 벼슬을
내놓고, 강화에서 칩거 생활
청렴결백하여 제대로 끼니조차 잇지 못해

병이 들어 58세에 파란만장한 생애를 마감
애주가인 그가 남긴 장진주사將進酒辭

한잔 먹새그려, 또 한잔 먹새그려
꽃 꺾어 산算 놓고 무진무진 먹새그려
이 몸 죽은 후에 지게 위에 거적 덮어
줄로 졸라 매어가나, 잘 꾸민 상여에
만인이 울면서 따라가나…
억새, 속새, 덥갈나무, 사시나무 숲이
있는 곳에 가면, 해와 달은 떠있고
가랑비와 눈내리고, 쌀쌀한 바람 불제
누가 한잔 먹자할꼬, 하물며 무덤 위에
잔나비 휘파람 불제, 뉘우친들 어쩌리

강촌에 낚싯대를 드리우고

고려의 옛 수도인 송도, 다른 명칭인 개성, 개경
화담 서경덕, 황진이, 박연 폭포를 일컬어
송도 3절三絶이라 하였고
선조대에 이르러선 오산 차천로의 한시漢詩,
한석봉의 서예, 최립의 문장이 새로운 송도 3절

송도 사람들은 송도로 올라온다 하고,
한양으로 내려간다는 독특한 문화의 자부심
송도에서 자란 오산은 고려가 멸망한 지 200년
흔적만 남은 만월대 궁궐터
충신 정몽주와 대학자 이제현 집 터의 기억

오산의 아버지 차 식은 토정 이지함과 함께
당대의 대학자인 화담 서경덕의 문하에서
공부하여 과거에 급제하였다.
오산 차천로도 화담의 학풍에 영향을 받았고
해주 석담에 내려온 율곡에게도 배웠다

율곡이 운韻을 떼어 오산은 시를 지었다
"바람은 세찬데, 천 길이나 되는
돛대는 곧게 서있고 (風健牙檣千尺直)
달빛은 밝은데, 어부의 피리 소리가 사방에서
들리누나 (月明漁笛數聲圓)"

약관의 나이인 오산이 대구對句를 맞추어 읊으니
율곡 선생은 그의 시재詩才를 칭찬
오산은 22세의 젊은 나이에 일찍 알성 문과에
급제하여 벼슬길에 올랐다. 고향 송도의 선죽교를
돌아보니 감회가 새로웠다.

선죽이 고죽의 그 뒤를 이으니(善竹連孤竹)
바람은 시원하게 고금에 불었네(淸風灑古今)
포은 선생의 늠름한 절개 (圃隱圃隱節)…
장부의 감개가 많이 떠올라 (丈夫多感慨)
술잔 들고 그윽한 회포를 읊네(把酒詠幽襟)

오산은 정사 황윤길, 부사 김성일, 허성과 함께
일본 통신사 사절로 가는 여정旅程에서
부사 김성일, 허균의 형인 허성과 함께 오산은
시문을 지으며 보내었다
먼저 학봉 김성일이 운을 떼었다

"사신으로 일본에 가니(仗節扶桑國)
기운이 산처럼 용솟음쳤네(令人氣湧岑)"
오산이 대구對句하여, "옥백으로 왕자의
교화를 펼치니, 어룡이 임금의 덕음을 들었다네
(玉帛宣王化 魚龍聽德音)"

임진왜란은 조선을 전쟁의 참화로 시달리게
하였고, 오산은 임금의 명을 받아
명나라에 지원군을 요청하는 문서 작성을 전담
명나라 이여송 장군이 출전하고, 조·명 연합군이
평양을 탈환하여 승리를 거두었다

승리를 알리는 노포문露布文을 짓게 되어
병조 판서 이항복은 오산에게 작성을 의뢰하였고
"덕을 거역하는 자는 멸망하고,
덕을 순종하는 자는 창성하므로, 전쟁하기 전에
미리 길흉을 판단할 수 있다…

최상의 군대는 적군의 계략을 파괴하는 것이고
위대한 무용武勇은 대적할 적이 없다…"
오산은 노포문을 지어 임금에게 올렸다. 이여송
장군이 귀국할 때에도, 장편 율시 100운韻과
추가 율시 100수首를 지어 환송하였다

조선에서 전쟁이 끝나고, 명나라 사신 주지번이
평양을 방문하여 접반사인 월사 이정구 대감에게
평양箕都을 회고하는 시 100운을 내일 아침까지
지어줄 것을 요청하여, 월사는 일행인 차천로, 허균 등과 의논하여
오산 차천로가 전담하기로 결정

오산은 술 한 통을 청하여
수십 잔을 통음한 뒤에
병풍 안으로 들어가 시를 지어 부르니
한석봉은 바쁘게 적어 내려갔다.
큰 소리로 시를 읊조렸는데…

마치 물이 솟아오르고, 거센 바람이 부는 듯
새벽 닭이 울기 전에 오산은 100운을 완성하고
그만 방바닥에 쓰러졌다. 시를 받아본 주지번은 흥이 나서,
그 시를 다 읽기 전에 부채가 부서지는 줄도 모르고 시를 읊었다
"비 갠 뒤에 푸른 산은 씻은 듯이 청아하고
바람 불자 푸른 나무 서늘함이 감돌았네
허름한 몇 칸 집엔 해가 더디 지나가고
만리 높은 하늘엔 구름이 끝이 없구나…"
주지번은 오산공을 "동방 문사"라고 칭하였다

광해 2년 오산공은 '영남5현五賢을 문묘에
배향할 것을 요청하는 상소문'을 영남 유림들의
연명으로 써서 올렸다. 영남5현은 정여창, 김굉필
조광조, 이언적, 이 황 다섯 분을 말한다. 이에
남명 조식의 제자이며, 실세인 정인홍이 반대하였다

당시 실세인 이이첨, 정인홍 등이 5현 중에 조식이
빠졌다고 하여, 수정을 요구하였으나, 오산공은
이를 거부하였고, 정인홍 등은 사생활을 들추어
오산공을 탄핵하였다. 오산공은 홀연히 관직을
사직하고, 금강 유역으로 떠났다

간신들의 득세로 암울했던 광해군 시절
영창대군을 옹립했던 영의정 류영경이 처형되고
인목대비의 폐비에 반대한 이항복도 유배되고
대역죄로 허균도 처형된 시대였다.
오산공은 금강에 낚싯대를 드리웠다.

강촌별곡, 강호별곡을 비롯하여, 지난 날을 회고하는
한시도 지었다. '견회遣懷' 시에서
"세상살이 세 칸 집으로 족하고
의관은 칠척 몸에 걸칠 뿐
늙은 얼굴은 거울에 비추기 싫으니…"

오산은 강촌에서 술과 시와 낚시로 소일하다
60세에 한양 남산골에서 세상을 떠났다
정조 대왕이 화성 행차를 마치시고, 한양으로
환궁하시던 길에 과천 온온사에서 유숙하였는데
"과천 별양리에 첨정 차천로의 묘소가 있다더라"

임금은 좌상 채제공과 대사헌 홍양호에게
오산공이 지은 문장들을 모아 문집을 찬撰하도록
명하셨고, 규장각에서 한시, 표문을 엮어 '오산집'
8권 4책을 내각 교정판으로 출간하였다
대사헌 홍양호가 오산집 발문跋文을 썼다

"…선조가 즉위하자, 큰 유학자와 문장가가
성대하게 배출되어… 차씨車氏 가문에
삼부자三父子가 나와 문장을 세상에 알렸는데
그중 오산의 기발한 재주와 걸출한 기개는
동류 중에 뛰어나 당세를 압도하였다

그 웅장한 언어와 굳건한 필치
큰 홍수가 되어 벼랑으로 내리쏟고…
공이 흥취가 나면 문을 닫고
방안을 배회하다가 거침없이 붓을 놀려
한 편이 이미 완성되었다…"

연암燕巖의 문장

조선 시대 최고의 산문 작가
연암 박지원의 문장은 난해하나
시각 · 청각적 기교가 탁월한
'양반전' 같은 해학적 작품들

반남 박씨 가문이 한 집안에서도 당론이
노론과 소론으로 갈라졌고,
탕평책은 정의를 바로 세우지 않고,
간신과 충신을 뒤섞어 중용한다고 비판했던 실학자

조선 후기 북학파를 대표하는 실학자
'열하 일기' 같은 산문뿐만 아니라, 다수의
한시漢詩도 발표하면서, 당대의 뛰어난
실학파 제자들에게 개혁의 꿈을 키워주었다

연암은 남녀 간 사랑에 견주어 문장을
세 가지 유형으로 분류하였는데
첫째 절세미인을 만나 눈짓으로 나누는
사랑은 군자의 도리가 아니고

둘째 귤을 던져 남자를 희롱하고, 작약꽃을 주면서
남자와 장난을 치는 여인은
정숙하지 않아 보이고

마지막으로 산골 마을의 순박한 남녀 사랑

늙은 농부가 키운 처녀와 보리 열 가마를
수확하는 가난한 농부 아들과의 사랑
슬픔이나 즐거움이 극에 달하지도 않으며
촌스럽고 진솔한 자신의 문장을 비유

개혁의 꿈

조선을 속국으로 여기는 청나라의 내정 간섭
문벌의 폐지와 인민의 평등을 기초로 한 사상
이 즈음 프랑스에서는 대혁명, 미국은 독립선언으로
민주 국가의 틀을 다졌고
일본도 명치유신으로 개혁을 단행

백성들의 힘을 바탕으로 시작한 개혁이 아니었기에
1884년 갑신정변의 개혁 시도는 실패
끝내 외세 열강의 압박은 거세졌고
개혁에 실패한 조선은 일본의 침략과
지배를 당하는 수모를 겪어야했다.

당시 세도 가문인 안동 김씨 병기의 양자
김옥균은 개화파인 박규수, 유대치, 오경석에게서
개혁 사상을 이어받고
박영효, 서광범, 홍영식과 교류하여
조선의 개혁을 실현해보려 꿈꾸었다.

일본과 강화도 조약이 체결되면서 나라가
외국에 개방되자
김옥균은 '충의계'라는 비밀 조직을 만들어
낡은 인습의 타파와
새로운 문물 도입을 호소

군졸들의 불만에서 야기한 임오군란
일본은 군함을 파견하였으나
청나라가 먼저 사건을 수습하였고
대원군은 청나라에 의해 천진으로
끌려가는 내정 간섭이 저질러졌다

김옥균은 종주권을 주장하는 청으로부터
벗어나, 일본식의 적극적인 개화 정책을
펼쳤으나, 외국 자본 유치 등에 실패하면서
개혁 정책의 꿈은 좌절되고
정권에서 물러나 한성 교외에서 칩거

개혁 정책에서 실패한 김옥균은
급진 개혁에 동조하는 세력들과
정변을 통한 정권 장악을 시도
우정국 준공 축하연에서 일본군을 동원
민씨 일파를 제거한 갑신정변

개혁 정책의 내용은 입헌 군주제
자본주의 도입과 만인 평등 지향
갑신정변은 3일 천하로 끝났고
김옥균, 박영효, 서광범, 서재필은
일본으로 망명의 길을 떠났다

병아리 십여 마리를 얻어 길렀더니
틈만나면 이유없이 다투는구나
몇 번 홰치는 소리를 내다가
멈춰서서 서로 그윽히 바라보다
문득 그치더라

망명 시절 쓴 서광범의 서화첩에서 발견된
암울한 시대에 지은 김옥균의 시詩
김옥균은 일본에서 상해로 유인되어
조선이 보낸 암살자에 의해 살해되고
비극으로 마감한 개혁가의 꿈

앞서 가는 길

1941년 어느 거지 여인이
화가의 집을 찾아와 주인을 찾았다.
"저 나혜석이에요."
"그럴 리가 있나요. 정말 나혜석이 맞아요?"

예전의 화려한 행색과 아름다움은 간데 없고
피폐한 모습으로 인해 잘 알아볼 수가 없었다
그녀는 10여 년전 화가에게 맡겼던 외국 판화
6점을 찾은 뒤 비틀거리며 사라졌다

나혜석은 수원에서 출생하여, 진명여고를 수석 졸업
일본에서 도쿄 여자 미술학교를 다녔다
유학 시절 소설가 이광수, 시인 최승구
의사이며 이광수의 처가 된 허영숙과 문예 활동

나혜석의 첫 사랑인 시인 최승구가 폐결핵으로 죽고
그녀는 한때 방황…
어느날 나혜석은 김활란, 박인덕, 김 마리아
함께 독립 운동을 모의하다 체포

변호사 김우영의 도움으로
나혜석은 면소 처분으로 풀려났고
첫 부인과 사별한 김우영의 구애로
1920년 24살의 나이에 결혼

그녀는 결혼의 조건으로, 평생 사랑해주고
그림 그리는 것을 방해하지 않을 것을 요구
남편 김우영은 당대 명사인 김성수, 송진우
최린, 최남선과 교류한 알려진 변호사

나혜석은 그림 전시회를 열어 인기를 얻었고
신문, 잡지에 여성 인권과 자유 연애
생활 개선을 위한 진보성향의 글을 발표
김일엽과는 부인 의복 문제로 논쟁하기도

"한복의 전통미를 살리되, 유방을 압박하는
비위생적인 결점은 반드시 고쳐야 한다."
그림 작업도 열심히 하여 1922년에는
여자로서 유일하게 1회 조선 미전에 입선

1927년 그녀는 남편 김우영과 함께 시베리아를 거쳐
파리, 런던, 스페인과 미국을
여행하면서 견문을 넓혔고
닫힌 세계에서 열린 세계로 나온 그녀

예술혼은 억제하기 힘들었고, 조선의 완고한
가부장제가 강요하던 "정신의 코르셋"을
자연스럽게 벗어던졌다. 파리에서 남편의
친구인 천도교 교령 최린을 만났기 때문…

파리에서 두 사람은 극장과 식당을 돌아다녔고
유람선을 타고 카페에서 다정히
"나는 당신을 사랑합니다. 그러나
남편과는 이혼하지 않으렵니다"

"사람이 배고프면 밥을 먹고, 성적 욕구가 생기면
색을 쓰는 게 뭐가 이상한가?"
자신의 행실을 항변도 해보았으나
당시의 사회 통념을 극복할 수 없었다

동아일보에 실린 스캔들 기사로 장안은
화제로 들끓었고, 1931년 크게 화가 난
김우영으로부터 냉정하게 이혼당한다
1934년 나혜석이 쓴 "이혼 고백서"

"삼천리" 잡지에 게재한 내용
"조선 남자들은 이상하외다.
자신들은 정조 관념을 지키지 아니하고
조선 여자들에게만 강요한다…"

남편의 아내이기 전에, 내 자식의 어미이기 전에
나는 사람인 것이오. 조선의 남성들아
그대들은 인형을 원하는가?
당신들이 원할 때만 안아주는 인형

방긋방긋 웃어주는 인형 말이오.
나는 그대들의 노리개를 거부하오.
내 몸이 불꽃으로 타올라 한 줌의 재가 될지언정."
그녀는 버지니아 울프, 시몬 드 보부아르

그녀는 스님이 된 김일엽을 찾아 수덕사에
머물다가, 노자 한 푼 없이 뛰쳐나와
거리를 떠돌았고, 정신 착란 증세를 보이면서
몸이 마비되기도 하였다

모성애에 이끌려 자식들을 찾아갔으나
경찰에 신고되어 쫓겨나는 수모
노숙자로, 행려 병자로 전전하다가 죽으면서
"네 에미의 묘에 꽃 한송이 꽂아다오"

나비는 날아서

산청에서 출생하여, 통영으로 이사갔고
통영에서 학교를 마치고
일본 음악학교를 졸업
부산 등지에서 음악 교사를 한 윤이상

1953년에 서울로 올라와 경희대, 숙명여대에서
제자들을 가르치며
작곡한 '고풍 의상' '달무리' '추천'이
실린 가곡집 출판

음악 공부를 하려고 1956년 파리에서
베를린으로 건너가 작곡을 전공
그가 작곡한 '피아노를 위한 다섯개의 소품'
'일곱 악기를 위한 음악'

네델란드와 독일의 현대 음악제에서
공연되어 호평
이를 계기로 독일에 체류, 유럽 각지를
다니며 음악 활동을 꾸준히 하였는데…

1964년 독일 포드 기금회의 요청으로
베를린에 정착
오라토리오 '오, 연꽃 속의 진주여'
관현악곡 '예악'을 발표

국제적인 작곡가로 주목받았고
'현악 4중주 1번'과 '피아노 3중주'를 작곡
서울시 문화상 수상, 그의 음악은 동양적인
영감靈感과 서양의 음악 기법을 혼용

그는 음악적 영감을 얻으려고 꿈에 그리던
통영 앞 바다를 찾았고
평양에서 웅대한 고구려의
흔적을 돌아보기도 하였다

반공의 서슬이 엄혹했던 시절, 1967년에
간첩죄로 몰려 2년간 복역하고 출소
독일로 돌아와 1972년 뮌헨 올림픽 문화행사에
발표한 오페라 '심청'은 전세계적으로 대성공

세계적 작곡가로 명성을 얻은 윤이상은
'유럽에 현존하는 5대 작곡가'로 선정
비극적인 남북 분단의 이념 분쟁에서
벗어나려는 작가의 창의성

오로지 민족 화합과 정서를 담으려고
'범민족 통일 음악제'를 주관
남북 합동공연으로 넘어서려는
이념과 체제의 틀

옥중에서 작곡한 '나비의 미망인'
'유동의 꿈' '요정의 사랑' '심청'
4편의 오페라 작품
20여 편의 관현악곡도 작곡하였는데

'바라' '무악' '예악' '광주여 영원히…'
'나의 땅, 나의 민족이여' 교성곡 150여 편…
한계에 이른 서양의 관념철학을 극복하고
한국적 이미지를 표현한 세계적 작곡가

유럽에 진출한 축구 선수들보다 먼저
음악인과 화가들이 명성을 떨쳤는데
그들의 놀라운 예술성을 감상하며
유럽인들은 감탄의 박수를 아끼지 않았다.

흔들리는 혼무魂舞

1911년 강원도 홍천에서 출생한 최승희
숙명여고를 졸업한 뒤, 일본의 현대 무용가
이시이 바쿠의 공연을 보고, 무용가의 꿈을 키우며
일본에서 무용 수업을 받고

일약 주연급 무용수로 활약하다가
1929년 귀국하여, 경성에 무용 연구소를 설립
개성, 대전 등지에서 무용 공연으로 알려진
아름다운 춤사위와 빼어난 미모

1931년 문학가 안막과 결혼한 후에도
괴테의 '파우스트' 가극과
창작극을 무대에 올렸고, 미국, 벨기에
중남미를 순회하면서 공연

'초립동' '화랑무' '장구춤' '춘향 애사'
고유의 우리 민족 정서를 소재로 한 춤들
우리의 고전 무용에 현대적 춤사위를 가미
아름답고, 신비로우며, 동양적인 은근한 멋

일본 군국주의의 태평양 전쟁 소용돌이
무용가 최승희는 중국에서
일본군 위문 공연으로 예술적 혼魂은
정치에 적극 이용당하였다

1946년 귀국하였을 때
친일파의 낙인과 심리적 갈등
무용에 대한 애정으로 인한 혼란
남편 안막, 오빠 최승일의 월북 권유

평양에서 '춘향전' 등을 발표하고, 공훈 배우
인민 배우의 칭호와 제자들을 양성
한국 전쟁이 끝나고, 전쟁의 패배를 호도하려는
북한에서 시작된 피의 숙청

남편은 반당 종파분자로 몰려 숙청
최승희도 가택 연금의 처벌
예술이 정치에 오염되고, 전설의 무용가
최승희는 비극적 이념의 희생양

일찌기 한성준으로부터 장구 가락을 배워
장구를 메고, 가락에 맞춘 역동적인 춤사위
오른 손만 채를 사용하고, 왼손의 궁글채는
과감히 생략한 채 빈손으로 춤사위를 강조

아직도 그녀의 부채춤, 승무, 가면춤 영상에는
그녀의 창의성과 천재성, 빼어난 미모·매력
그녀의 춤은 조선의 역사를 알리려 하였고
춤은 이념과 정치에 흔들려야 했다

근역 서화징 槿域 書畵徵

근역은 무궁화 동산인 우리나라
서화징은 글씨와 그림의 자료
3·1 만세 운동 33인 중의 한 사람
서예가이며 고미술 연구의 대가
위창葦滄 오세창吳世昌이 펴낸 책

신라의 화가 솔거에서부터
구한말 서화의 명인에 이르기까지
나라를 빼앗긴 시대에(1928년) 펴낸
한민족 서화인들의 가계와 행적
한국미술사 연구의 경전

위창(1864~1953)은 역관인 아버지 오경석의 영향으로
일찌기 해외 문물을 접하였고
도자기와 그림 감정에 있어 당대 최고 수준
전형필에게 국보급 청자와 그림 매입을 권유
오늘날 간송 미술관의 모태

근역 서화징은 단순한 서화 인명 사전이
아니라, 서화 역사의 영원한 혈통 관계를
확인시켜주는 문화계 족보
참고한 자료인 국내 역사서, 개인 문집
500여 권에서, 간추려 뽑은 인명은 1,117명

위창은 스스로 '옛것을 벗삼는 사람'
손 닿는대로 수집해보니, 어떤 고첩古牒은
외진 곳에 쓸쓸히 있었는데, 책상 위에 모아 놓으니
머금은 소리는 옥소리같고, 향기는 난초 같다.
거슬러 생각하니 천추의 상념….

류일한

1895년 평양에서 류기연·김확실의 아들로
태어나서, 9살 때 미국 네브라스카주로 유학
고학을 하면서 학창 시절엔 미식 축구 선수
공부도 잘하는 우등생이었던 류일한

미시간대학, 스탠포드대학원을 다니면서
1919년 필라델피아에서 3·1 독립운동에 참여
대학 졸업 후에 직장 생활을 잠시 한 뒤
1922년 숙주나물을 취급하는 식품회사를 차렸다

50여 만 달러를 벌어들였고, 상해 임시정부에
거금의 독립운동 자금을 보냈다
1926년 3월 결혼한 지 얼마되지 않아
귀국하여 12월 유한양행을 설립하였다

건강한 청년만이 나라를 살린다는 제약회사
좋은 약을 만들어야겠다는 신념으로
최초 종업원 지주제를 실시하였고
사세는 만주, 중국 등 동북아 일원까지 확장

1939년 사업상의 이유로 도미하였고
1942년 12월 태평양 전쟁 발발로 귀국하지 못하였다.
암호명A, 류일한은 50세에 OSS의 한국 침투 요원으로
사격, 고공 낙하 훈련을 받았다

일본에 원폭 투하로 침투 작전은 실현되지
못하였고, 해방이 되자 그는 귀국하였다
일본 식민지에서 벗어나는 것뿐 아니라
진정한 독립은 민생과 부국이라는 생각

기술 교육을 위하여 유한 공전을 설립하고
대형 컴퓨터 IBM을 도입하고, 윤리 경영으로
국내 1위 기업이 되었고, 전문 경영인 체제와
재산의 사회 환원을 실현시켰다

1969년 은퇴한 류일한은 독립 운동가이며
성공한 사업가였다. 죽기 1년 전에 그가 쓴
"기업의 이익은 그 기업을 키워준 사회에
돌려줘야 한다

아들은 대학을 졸업하였으니, 자신의 능력으로 살아라.
손녀에게는 대학 등록금 1만 달러를 유산으로 남긴다."는
유언이었다
1년 후 1971년 그는 76세로 서거하였다

거금을 흔쾌히 독립 자금으로 보냈고
조국에 침투하려고, 은밀히 OSS 훈련을 받았으나
해방으로 뜻을 이루지 못했다
그는 사업 능력도 탁월하고, 존경스러웠다.

군상 群像

아버지는 전의 이씨, 어머니는 김해 김씨
홍성읍 고암리와 예산읍에서 보낸 유년기
호號를 '고암'이라했고, 이응노는 17세 때
가출하여, 단청을 그리는 칠쟁이로 전전

당대 유명한 서화가인 해강 김규진의 문하에서
서예·묵화를 배웠고
호號를 죽사竹史 라고도 불렸고
조선 미전에 '묵죽'으로 입선

해방후 화가 배렴, 이유태, 장우성과
단구 미술원을 조직, 일본 잔재의 청산
민족적인 한국화를 주창. 국전의 폐단을 지적
국전 추천 작가도 거절

이응노의 안목은 세계를 향하고
프랑스에서 작품 활동 요청을 받고
부인 박씨와 이혼하고, 제자이며
동료 화가인 박인경과 파리에서 결혼

파리에서 대부분 화가들과 마찬가지로
이응노도 궁핍
뜰에 버려진 낡은 잡지를 주워서,
물감 대신 캔버스에 뜯어붙인 콜라주 기법

붙여지는 한 조각의 종이가 서예의 획과 같이
한 획 한 획의 힘과 절도가 중첩되어 만든 작품
카네기 국제미술제에 초대받았고, 8회 상파울로
비엔날레에서 은상을 수상

이응노는 화가로서 세계적 명성을 얻어가던
1967년, 한국 전쟁 때 헤어진 아들을 만나려고
동 베를린에 갔다가, 간첩 혐의를 받고
고국에 납치되어 겪은 옥살이

부자父子의 혈연 관계를 법적으로 제재함은
예술가로서 용인하기 힘들었고
감옥에서 겪은 인간적인 고뇌와 어려움…
예술혼은 작품의 소재를 찾아서 몰두

감옥에 넣어주는 나무 도시락의 조각들
하나 하나 떼어내어 함판 위에 먹다 남은
밥풀로 붙이고, 덕지덕지 붙은 나무조각들
배식용 고추장과 간장을 바르고

색깔을 입혀 만든 도시락 콜라주
수감자들은 통상 번호를 불렀으나
관례와 다르게 이응노는 꼭 이름을 불렀다.
이때의 번뇌는 훗날 '군상'이란 작품에 영향

제2부 고통은 어디에서 오는가

1969년 석방되어 예산 수덕사에서 요양한 후
프랑스로 돌아갔고, 1970년대에 그의 대표작
'군상' 시리즈를 발표, 삼성 미술관에서
작품을 대량으로 독점, 구입하였다.

초기에는 문자 추상으로 장식적인 양식
후기에는 '군상'들의 이미지가 작아지고
사람의 모습으로 변형되어 단순하고
반복적으로 그려졌다.

사람의 형상들이 축제를 즐기며, 춤을 추는듯
흥겹다. 서울의 학생 데모나 광주 사태가 연상되는
'군상' 시리즈, 서양인에게는 반핵 운동으로 비쳐졌고
그의 작품 소재는 인간

그것도 한두 사람의 내면적 실상이 아니라
수많은 집단의 인간상… 그의 관심은 단순한
관념과 자연, 적막과 고립에서 생동하는 인간
움직이는 인간, 역사 속의 인간에게 접근

고통은 어디에서 오는가

남의 일기장을 읽어본다는 건
언제나 동반하는 묘한 죄책감
다른 사람의 비밀스런 무언가를
허락없이 공유하는 기분

글을 쓴 사람은 언제, 어디에서 누군가
자신의 흔적을 읽을 거라는 생각
전혜린이 쓴 에세이집은
대부분 일기체로 구성된 자신의 독백

전혜린은 경기여고를 졸업, 서울법대에
입학, 그녀는 독일 문학에 흥미를 느끼고
대학 재학중에 독일로 유학
그곳에서 카톨릭에 귀의하기도

21세기를 사는 사람들의 지독한 소외감
일찍부터 감지한 끝없는 불신의 시대
신에 대하여 조차 의지할 수 없는 허망함
누구나 한번쯤 느껴보았을 외로움

그녀는 유학중에 만난 동창 법학도와 결혼
1959년 귀국하여 성균관대, 서울법대에서
독문학을 가르치며, 틈틈이 번역서를 발간
일기를 쓰는 습관은 항상 있었다.

전혜린의 문체는 번역된 문장에 가까웠으며
그녀가 가지고 있는 고독한 정서를
깊고 섬세하게 표현하였는데
모든 것은 자신의 내면에 대한 이야기

아무렇지도 않게 내뱉는 일상의 흔적
고통스러운 경험의 유추, 스스로를
자랑스러워 하는 기색도 없이, 고독하고
우울한 하루 하루를 보내는 현실

그녀에게 소통이란 영혼과 영혼이
서로 부딪칠 때 일어나고
영원한 소통은 불가능
카프카, 릴케, 헷세를 연상시키는 문장

대학에서 제자와의 스캔들로 떠들썩
가장 사랑하는 사람에 대한 애착마저
불신으로 변질
사랑하는 딸 하나를 남겨두고 이혼

거리는 공포
지옥은 우리 마음속에 있는 공포
이 공포는 아무도 사랑하지 않고
아무 사랑도 받지 않는데서 생긴다

모든 괴로움을 또렷하게 기억하면서
이 고통은 어디에서 오는 것인가?
세상 사람들은 모두 불신의 대상
오직 어린 나이의 딸에 대한 모정

병아리같이, 참새같이
인형같이 귀엽다. 지금이 제일 예쁜 나이
자신을 꾸밀줄 모르고
이해타산을 따지지 못하는 나이

결별은 예고없이 찾아온다
우울증으로 잠을 이루지 못하고
고독과 불안으로 보내야 하는 시간들
아무리 재능있는 사람이라도 나름의 고통

소설가 김승옥, 이호철과 가진
저녁 술자리에서 누군가와 통화
화도 내고, 만나고 싶은 듯
혼자 되는 게 두려운 듯이 보였다

다음 날 1965년 1월 10일 아침
수면제 과다 복용으로 영원히 잠든 채
발견된 그녀의 유서는 없었고, 32세의
젊은 나이에 단순한 사고사事故死인 듯

치열하게 고독과 싸우다가 그녀는 사라졌고
베르테르처럼 그녀를 따라 세상을 떠난 소녀들
그녀의 에세이집은 사후에 출간
날개 돋친 듯이 팔려나갔다

여름에도 까만 머플러를 하고
굽 높은 구두를 신은 교수
고독과 싸우면서도 '괜찮아'
쓸쓸한 표정의 검은색 정장의 뒷 모습…

괴로움과 고통은 어디에서 오는 것인가?
고통에서 벗어나려는 임시 방편은
자신의 독백으로 남겨진 글
그리고 그녀는 아무 말도 하지 않았다.

앤디 워홀

현대적 추상 회화에 대한 반발
새로운 대중 예술의 등장
대중 문화를 소재로 한 광고
산업 디자인, 사진, 영화

어떤 매체와도 소통이 가능한 팝 아트
2천년대 들어서서 인기있는 예술 분야
만화, 신문, 영화 배우 브로마이드
한 장면이나 한 컷을 집중 부각

실크 스크린으로 캔버스에 전사轉寫
확대하는 수법으로, 현대의 대량 소비 문화의
찬양과 동시에 비판, 기존 질서와
상식을 뛰어넘는 실험 정신

앤디 워홀은 공대에서 산업 디자인을
전공, 상업 디자이너로 활동
60년대에 팝 아트 작품을 만들면서
돈을 버는 것이 예술이고

일하는 것도 예술이고, 비즈니스를
잘 하는 것이야말로 최고의 예술
예술의 상업성에 대한 확고한 신념
예술은 잘 팔려야 하고

가격을 제대로 받아야 하고
인기에 거부감보다 '스타를 사랑한다.'
자신이 인기를 듬뿍 누려야 한다.
그는 실제로 인기를 누렸다

워홀은 그림 만드는 기계이기를 원했고
그의 스튜디오에서 조수들과 함께
기계와 같은 미술품들을 대량 생산
핵심적인 경쟁력은 소재의 선택

상식으로는 어떤 것도 예술의 대상이
될 수 없는 소재의 선택
영화 배우 마릴린 먼로의 초상화
'레몬 마릴린'은 약 141억 원의 놀라운 경매 가격

'나이아가라'의 영화 포스터를 토대로
워홀이 그린 13장의 초상화였는데
62년 첫 전시에서 헐값인 250달러에
팔려나갔던 그림들

이 그림은 첫 구매자가 45년 동안 소장하였다가
경매에 출품
레몬색 바탕에 노란 머리 카락
하얀 치아를 표현

채색을 달리하는 '골드 마릴린'
'그레이프 마릴린' '체리 마릴린'
'오렌지 마릴린'과 '마오쩌둥毛澤東'
초상화 가격은 150억 원

워홀의 작품 중 역대 최고가
누구도 알아차리지 못할 기회의 선점
발상의 전환과 직관, 판단력이 새로운 기회를
찾는 사람들에게 주는 교훈

조동탁

일제의 폭압적 탄압에 항거
자유당의 불법 선거와 독재
군사 정권에서의 무자비한 독재
저항하며 시를 쓴 조지훈

경북 영양의 선비 집안에서 태어난
시인이며 학자, 본명은 조동탁
민중의 편에서 민족 생존을 위해 애쓴
지성, 국학 연구에 정열을 쏟기도…

김소월, 김영랑, 유치환, 서정주, 정지용에 이르는
근대시의 흐름
청록파 시인 박목월, 박두진, 조지훈은
자연을 소재로 인간 심성을 담아냈다

좌우 이념의 극심한 대립을 피하려 했고
시대의 아픔 속에서 시의 순수성으로
3인은 1939년 '문장'지誌로 등단
1946년 함께 시집 "청록집"을 펴냈다.

조지훈은 고전미와 한국의 토속적 문화를
바탕으로 '승무', '완화삼'
박목월은 향토적 서정과 전통적 삶의 의식을

민요풍으로 '윤사월', '나그네'
박두진은 기독교적 신앙을 바탕으로
자연친화와 사랑으로 '묘지송', '설악부'
4·19 혁명 며칠 후, 조지훈은 독재에 대한
반성으로 '어느 스승의 뉘우침에서'

사랑하는 젊은이들아
붉은 피를 쏟으며 빛을 불러놓고
어둠 속에 먼저 간 수탉의 넋들아
늬들 마음을 우리가 안다…

심수관

1598년 정유재란 때 남원에서 끌려간
조선의 도공陶工 심당길沈當吉은
규슈九州 남단 가고시마鹿兒島에서
도공 80여 명과 함께 정착

심당길은 히가시이치기東市來에
가마陶窯를 세우고
가마의 불을 빼고는, 모두 조선의 혼이
실려있다는 '히바카리' 도자기를 구웠다

조선의 도자기는 힘이 넘치는 속도감
일본의 도자기는 지역별로 다양하게 변화
힘은 떨어지는 편이나
도자기에 조선의 혼은 살아있다

심당길의 12대 후손인 심수관沈壽官
1873년 오스트리아 만국 박람회에 출품한
'금수 대화병(큰꽃병)'은 극찬을 받았고
이때 부터 '심수관'이 가문의 세습 이름

15대 심수관은 아침에 일어나면
'단군 신사'에서 조국을 향해 절을 하고
마음을 다스린 후에 빚어내는 도자기

'사쓰미薩摩 자기'는 일본의 3대 명품

심수관 도예의 뿌리는 조선이나
사쓰마 자기를 키워준 것은 일본의 대지
'조국의 냄새를 흠뻑 맡으면서
한국의 시골길를 조용히 걷고 싶다'

함께 사라져가다

해방 후 목사가 되려는 꿈은 군인이 되어
한국 전쟁 때에는 백골병단이란 유격대를 지휘
군軍의 정치 참여를 반대
월남 참전도 반대하던 소신있는 군인 채명신

주월 한국군 사령관이 된 채명신의 생각
"장군은 사병들과 함께 전쟁터를 누비면서
존재의 가치를 찾을 수 있다. 장군이 홀로
할 수 있는 일이 있다는 말인가?"

전쟁터에서 목숨을 버린 사병들이 있어 내가
장군의 역할을 하였으니, 내가 죽으면 장군
묘역에 묻지 말고, 월남전에서 전사한 작은
사병들 묘역에 함께 묻어달라는 평등심

사랑하는 젊은 여인의 체취를 가까이에서 느끼듯
혈기 넘치는 사병들과 피를 흘리며 누볐던 전쟁터에서
전우애를 가까이에서 느끼듯, 죽어서라도
그들과 함께 영원히 잠들고 싶다는 바램

"공중을 나는 까마귀야, 시체 보고 울지 마라.
몸은 비록 죽었으나, 혁명 정신은 살아있다."
그가 평소 좋아했던 '독립군의 노래',
노병은 죽어도 사병들과 함께 사라져간다.

현충일이 아닌 평일에도 옛 전우와
참배객들은 장군 묘역은 찾지 않아도
전우와 여인을 지극히 사랑했던
그의 묘소에 꽃을 바친다.

제3부

녹파 잡기
― 스토리 텔링

녹파 잡기 雜記

첩의 나이 벌써 스물 넷
언젠가 사내를 만나게 될 테고
그 남자의 속박을 받게 되겠지요.
어떻게 평소의 꿈을 이룰 수 있나요?

봄 가을 좋은 날에 명승지를 골라
거문고 안고 가서, 마음껏 노닐어
늙지 않은 이 시절을 놓치지 않을래요
죽엽竹葉은 세련되고, 호방한 선비와 같았다

낮잠을 막 깼을 때, 엷은 달무리가 생겨
봄날 같은 교태와 육감적인 미모
진홍眞紅은 소담한 화장을 한 채
붓을 쥐고 난초 잎을 치는 예술적 취향이었다

손가락은 가는 파처럼 섬세하고
몸은 옷을 견디지 못할 정도로 여린데
담박하여 물욕이 없고 순진한 취란翠蘭은
사내들의 어떤 유혹에도 흔들리지 않았다

개성의 문사文士인 한재낙의 녹파 잡기
색향色鄕 평양의 기생인 죽엽, 진홍, 취란을
만나서 노래와 춤을 직접 보고 썼는데
기생에게 기대하기 어려운 의로움

서예가 조광진, 풍류객 홍산주, 안일개
남성 명사들과 교류한 그녀들
멋진 풍류와 품격을 유지했던 명기名妓
그녀들만의 애틋한 사랑도 있었다.

첫날밤에

정월 초하룻날 아침에 비둘기가 울면
콩이 잘 되고, 온갖 새가 울면
곡식이 풍성하고, 까마귀가 울면
과실이 잘 열린다는 속설俗說

혼인을 치른 처녀, 총각이 첫날밤을 잘
치러야 행복하게 잘 산다고 하는데, 아무
경험이 없는 숫총각이 처가에 신행을 가서
캄캄한 첫날밤에 신부를 덥썩 안았다

부끄러워하며 어린 신부는 몸을 뒤틀었고
총각은 등 뒤에서 끙끙거리며, 밤새 헛수고하다가
신랑은 화가 나서 집으로 돌아가니
신부의 집에서는 아연실색啞然失色

"첫날밤 촛불 끄고 향내는 사라지는데
우습도다 어리석은 낭군이여! 도망가다니
참맛이야 마땅히 앞에서 찬찬히 찾을 것을
내 맘 모르고 산등에서 헛되이 땀만 흘리네."

신부가 지은 문장을 시댁에 보내니
시아버지는 아들을 마냥 꾸짖으며 "다시 처가에 가보거라"
신랑은 그 밤부터 사랑의 즐거움에 빠져
돌아오는 걸 잊었다.

듣기 좋은 소리

송강 정철과 서애 류성룡이 술을 마시며
담소하는 한적한 야외에서
백사 이항복과 월사 이정구, 심일송이 합석

술이 몇 순배 돌아가자, 서로 듣기 좋은 소리
품격을 논하였는데, 먼저 송강이 "맑은 밤,
밝은 달 아래 구름 흘러가는 소리…"

심일송은 "만산홍엽滿山紅葉 바람 앞에
원숭이 우는 소리…" 서애는 "새벽 창가에
졸음이 밀리는데, 술독에 술 거르는 소리…"

월사는 "산속 초가집에서 재자才子가 시 읊는
소리가 아름답지" 이에 백사는 "신혼 첫날밤에
가인이 치마끈 푸는 소리가 어떠할꼬?"

생각과는 다르게

한양의 정승집 대문에는 뇌물을 들고
올라와 벼슬을 얻으려는 시골 선비들
줄을 서서 차례를 기다리고 있었는데

지방의 특산물, 엽전, 보화들이 넘쳐나고
행색이 초라한 한 선비는 빈 손으로
찾아왔다가 청지기에게 쫓겨났다

땡전 한 푼도 없이 출출해진 선비
주막집 주변을 서성대는데, 불쌍히 여긴
과부가 운좋게 저녁을 초대

정성스럽게 차린 음식과 술병
대접받은 선비의 유난히 큰 코를
빤히 보며 남모를 미소짓는 과부

오랜만에 대접을 잘 받은 선비
식사가 끝나자 꾸벅꾸벅 졸았는데, 과부는
갈 곳도 없는 선비에게 하룻밤 묵어가라고

곤하게 잠든 선비의 이불 속에 파고 들어
거친 호흡으로 애무를 계속하는 알몸의 여인
갑갑해진 선비는 잠에서 깨었다

여인은 선비의 얼굴에 올라앉아, 코를 비벼
대고, 부둥켜 안고 뒹굴다가, 과부는 혼잣말
로 투덜댔다. '이게 왜 코만도 못해?'

얼얼한 코에 남아있는 끈적한 액체를
만지면서, 선비도 혼잣말로 중얼거렸다.
'한양 가서 눈 감으면 코도 베어간다.'

오성鰲城 대감

오성 이항복이 역적으로 몰려 숨어 지내는
기자헌奇自獻의 집을 찾으니
집은 누추하고, 부인과 첩妾이 한 방을
쓰는데 구차하기 그지 없었다.
오성은 돌아와서 시詩를 지어 보냈다

덥지도 춥지도 않은 2월달 하늘 아래
처와 첩이 한 방에서 이웃에 누웠도다.
원앙 베개 위에 머리가 셋이 나란히 누워
비취색 이불 속에 팔이 여섯이었네

입을 열어 웃으면 품品자와 같고
몸을 벗고 누우면 시내川와 같네
겨우 동쪽 여인과 일을 시작하는데
또 다시 서쪽에서 주먹이 들어온다

오성 이항복이 80세를 넘은 도인道人을
만났는데, 그 도인은 40대의 젊은 얼굴에
아직도 기력이 왕성해보였다
오성이 젊어지는 비법을 물으니
그 도인은 "여색을 멀리하였다"고…

"인간 세상에 여색을 멀리하고,
천수를 누린들 무슨 재미가 있으리오?"
"그대의 말이 옳지 못하도다."
"꽃같은 얼굴과 고운 살결, 풍기는 여인의 향기에
어찌 마음이 안 움직이겠소?"

"이 오묘한 여인들은 남자들을 늙고,
병들어 죽게 하려고, 염라대왕이 보낸 걸세"
"염라대왕의 궁중에는 이 오묘하고 어여쁜
여인들이 한 명도 없단 말인가요?
염라 대왕은 무슨 재미로 산단 말이오."

소원

한 스님이 한양 구경은 처음이라
남대문에서 광화문 앞을 지나
서쪽 인왕산 주변을 헤매이다가
사직단 뒷길에 이르러 날은 저물고

통행 금지를 알리는 인경칠 때가
가까워오고, 장안에 아는 집은 없고
어디 마땅히 쉴 곳도, 잘 곳도 없어
밤에 순라꾼에게 잡힐까 걱정

하는 수 없이 어느 대감집 뒷 행랑
굴뚝 옆에서 은신하며, 파루칠 때를
기다리다가 밤은 깊어 고요한 삼경인데
행랑채에서 소곤대는 말소리

"우리 두 사람이 밤마다 사랑을 나누어도
자식 하나 얻지 못하니 괴이한 일이로다.
우리가 축원을 드리지 않고, 사랑의 쾌락에 빠져
정성이 부족한 탓인가?"

이불 속에 누워 남편이 처에게 말하자
"진작 축원을 정성껏 드릴 걸 그랬어요"
부부는 서로 살을 맞대고, 소원을 성취
해보려고 남편이 먼저 축원하는데

"신령님께 지극 정성으로 비나이다. 키가 늘씬하고,
지략도 많아 영리한 남자 아이를 점지해주시옵고,
인품도 좋으며 돈도 풍족하여
남들이 부러워 할 아이를 주옵소서"

"평생에 얼굴이 잘 생기고, 성품과 피부가 고와서
남들이 한 번쯤 다시 쳐다봐주는 여아를 주시옵고,
돈은 많으나 시어미, 시아비 없는 집
며느리가 되게 하옵소서."

부부의 축원 소리를 다 들은 스님
"홀아비 중은 어찌 아이를 낳으리오
아미타불도 할 수 없고
관세음 보살도 할 수 없으리라."

명기 名妓

부안 기생 계월은 시를 잘 짓고,
거문고를 잘 탄다는 소문
관심이 있어 허모許某가 찾아갔더니
김, 최 두 사람이 먼저 와서
술을 마시며 시를 읊고 있었다

김金이 술에 취해 시를 읊었는데
"한밤중 창밖에 가랑비 올 때에
둘의 마음은 둘만이 아는 도다.
새로운 정은 미흡하고, 새벽은 밝으니
다시금 님의 옷깃 잡고 뒷날을 기약하노라."

뒤이어 최崔가 읊어 가로되
"끌어안고 창가를 향해 희롱하니
반은 아양이요, 반은 부끄러움이라
소리 낮춰 가만히 묻되 사랑하느냐
금비녀를 꽂아주니 웃으며 끄덕인다."

계월은 두 시가 마음에 들어하지 않았다
아무 말없이 앉아 있는 허許에게, 계월은
"그대는 왜 읊지 않는지요?" 최도 거들어서
"오늘은 시의 우열을 가려 계월의 마음을
움직이는 자가 이기는 것이요"

허許도 할 수 없이 좌우를 돌아봤다.
"가을 밤이 길다고 말하지 말라
촛불 앞에서 치마 벗기를 재촉한다
외눈은 뜨지 않았어도 눈은 반짝거리고
두 가슴이 서로 합하여 땀은 향내를 풍기네

다리는 청머구리 떼속에 물결 뒤쳐 굽한데
허리는 잠자리가 물을 차는 듯 바쁘도다
내 그것이 강건함을 언제라도 자랑하리
뿌리의 깊고 얕은 것을 낭자에게 묻노라
봄 찾는 호걸이 기운 뻗치니

비취빛 이불 속에서 그댈 만났네
붉은 구멍을 꿰었으매 두 줄이 둥근 것을
불타는 그대 눈 얼핏 보니 안개 서린 듯
점차로 긴 하늘이 돈궤짝만큼 보이도다
이 속에 만약 유별난 재미를 말할진대

하룻밤 높은 값이 천 금에 해당하리"
계월이 탄식하여 가로되
"남녀 놀음의 정경을 잘 그리고도 남음이며
지극히 호방하고 생동감이 있는데,
원컨대 고명高名을 듣자오면?"

"허모요"
허모는 허균이라고 전해지는데
두 사람은 하룻밤 정을 나누었고
부안 기생 계월의 미모와 시정詩情에
끌려 한동안 연인 관계가 되었다고

황제의 비법

천지 음양의 두 기氣는 열렸다, 닫혔다
춘하추동, 낮과 밤의 명암으로 변화
인간은 음양의 원리에 따라 맞는 사계절

낡은 기氣를 토해내고
새로운 기를 흡수해야
스스로 건강을 유지할 수 있는 삶의 원리

남녀의 교접은 서로 감응하는
대뇌의 작용
남성은 오랜 시간을 지속하기 바라고

그것이 위축되지 않기를 바라고
여성은 분위기와 자극에 민감
여성은 먼저 쾌락의 정점에 올라도

남자의 지속을 끊임없이 원한다
남녀의 감응이 서로 일치하고
양쪽 마음이 서로 통해서 즐길 때에

희열은 점점 격해지고
서로 사랑한다고 말하며 몰입
사랑은 잠자리를 자주 하게 만들고

사랑의 씨앗은 우주 만물을 창조
황제는 많은 궁녀들과 사랑을 나누다보니
자녀들을 많이 생산하였으나

대부분 황제들은 오래 살지는 못했다.
"남녀 교접은 자주 하되, 상대를 돌처럼
보고, 사정射精을 억제해야 합니다."

"교접은 사정할 때의 쾌감을 즐기는 것인데,
사정을 억제하면 아무 즐거움이 없지
않은가?"

"사정을 억제하면 기력이 여전하고
다시 교접을 하고 싶어질 것입니다.
그 편이 훨씬 즐거운 일이 아닐가요?"

황제는 소녀素女에게 또 물었다.
"자식을 얻으려면 사정을 해야 하지 않느냐?"
"자식을 얻으려면 먼저 몸과 마음을 청결하게 하고

여성의 월경이 끝난지 사흘 후
한밤중에 여성을 극도로 흥분시킨 다음
행위를 시작해서 즐겨야 합니다."

"음양 교접에서 정기를 잃지 않으려면
사정을 억제해야 하고
이를 억제하면 눈과 귀가 밝아지고

기력이 왕성해지면 체력이 남아돌아
이는 수명이 연장되는 비법이고
신선이 되는 회춘回春의 길입니다."

고대 중국 황제에게 가르친
방중술房中術은 예나, 이제나
지대한 남녀의 관심사였다.

원님 재판

한양의 한 생원이 시골에 내려와
서당에서 아이들을 가르치는 훈장이었는데
몇년 후에 생원은 처와 딸을 남겨 두고
늙어 죽고 말았다

집안이 빈한하여 딸은 18살이 넘도록
아직 시집을 가지 못하였다.
어렵사리 이웃집 양반이 사람을 보내어
그 딸과 정혼하고 혼례 치를 준비를 하였다

서당에 다니던 이방吏房의 아들이
그녀의 집에 문득 찾아와서
"댁의 소저가 내가 와서 글을 배울 때에
여러 번 상관하였노라."

"이는 그 놈이 나의 아름다움을 흠모하여
우리 집이 한미한 걸 얕보며, 불측한 계책을
꾸몄으니, 그까짓 거 상대할 것 없습니다.
관가에 고변하여, 진실을 밝혀야지요."

고을 사또는 해괴하게 생각하며 물었다.
"네가 저 처녀와 여러번 상통하였다 하는데,
그 얼굴과 몸뚱이를 일일히 상세

하게 고하라. 어기면 처벌을 받으리라"

이방의 아들이 사또에게 자세히 고하니
사또도 처녀를 자세히 본즉, 과연 그의
말과 조금도 다름이 없었다. 이는 미리
사람을 시켜, 처녀를 정탐한 연고緣故

처녀는 난감해하며 "소녀의 왼쪽 젖통
아래 검은 사마귀가 났고, 그 사마귀
위에 터럭이 여럿 있아오니, 이를 하
문하여 주시면 확인이 될 것입니다."

처녀의 말을 엿들은 자가 이방의 아들에게
알려주자, 그는 사또에게 그대로 대답하였다
사또가 크게 놀라거늘, 처녀는 얼굴을 붉히며
옷깃을 걸어 올려, 젖 아래를 살짝 보였다

"소녀는 본래 검은 사마귀가 없습니다…"
사또는 크게 깨닫고, 그를 엄히 처벌하였다
사또는 처녀의 집에까지 행차하여, 이미
정한 혼인을 성사시켜, 시집을 가게 하였다.

옹기 장수

그릇을 가득 채운 지게를 진 옹기 장수
힘이 들어 나무 그늘에서 쉬면서
"1푼 짜리 사발은 2푼을 받고
2푼 짜리 작은 항아리는 4푼을 받고
1전 짜리 큰 항아리는 2전을 받으면

차차로 돈이 배가 되어 재산은 넘쳐나리라.
부자가 되면 어여쁜 색시를 얻고
큰 기와집을 짓고 잘 사는 날이 오겠지…"
옹기 장수는 작대기를 빼고, 지게를 지고
일어서다가, 그만 미끌어졌다

옹기 그릇은 다 깨어지고, 지게 마져 못쓰게
부서졌다. 2푼짜리 항아리 하나가 온전하게
널부러져 있어, 그걸 들고 길을 가는데…
쏟아지는 소낙비를 피한 대장간 처마에서
"이 2푼짜리 항아리를 팔아 4푼을 받고…"

부자가 되고 싶어하는 세상 사람들의 희망
가난에서 벗어나려는 처절한 기초적 욕구
평생 뼈빠지게 일해도 벗어나기 힘들고
그럭저럭 사는 중산층이라도 매한가지
많은 옹기 장수들의 한숨 소리

좋은 아파트와 전원 주택
고급 승용차로 떠나는 여행
호텔에서 즐기는 고급 요리
부자된 사람들처럼 살려는 생각
걱정도 몇 배인 걸 옹기장수는 알까?

원이 엄마의 편지

남편의 병환은 날로 좋아질 기미가 없어
자신의 머리 카락과 삼줄기로
미투리(신발)를 엮어 쾌유를 기원했건만

언제나 나에게 둘이서 머리 희어지도록
함께 살다가 죽자고 하시더니
어찌 나를 두고 당신 먼저 가십니까…?

남편이 끝내 어린 아들(원이)과
유복자를 남기고
31살의 나이에 숨지자

절절히 써내려간 사랑을 담은 아내의 편지
나와 어린 아이는 누구의 말을 듣고
어떻게 살라고.

당신은 나에게 어떻게 마음을 가져왔고
나는 당신에게 어떻게 마음을 가져왔었나요?
함께 누우면 나는 당신에게 말하곤 했지요

"여보, 다른 사람들도 우리처럼
어여뻐 여기고 사랑할까요.
남들도 정말 우리 같을까요?"

안동시 택지 개발로 1998년에 발견된 편지
고성 이씨 이응태(1556~1586)의 무덤에서
2구의 미라와 함께 발견되었다

어찌 그런 일들 생각지도 않고
나를 버리고 먼저 가시는가요.
당신을 여의고는 아무리 해도 나는 살 수 없어요

빨리 당신에게 가고 싶어요. 나를 데려가주세요.
당신을 향한 마음을 이승에서 잊을 수 없고,
서러운 뜻은 한이 없습니다

내 마음 어디에 두고, 자식 데리고
당신을 그리워하며 살 수 있을까 생각합니다.
이내 편지 보시고 내 꿈에 와서 자세히 말해주세요

당신 말을 듣고 싶어서 이렇게 글을 써서 넣어드립니다.
자세히 보시고 나에게 말해 주세요.
아무리 한들 내 마음 같겠습니까?

"당신은 내 뱃속의 자식 낳으면, 보고 말할 것 있다."
하셨는데 그렇게 가시니 뱃속의 자식 낳으면
누구를 아버지라 하라시는 거지요?

이런 슬픈 일이 또 있겠습니까
당신은 한갓 그곳에 가 계실 뿐이지만
아무리 한들 내 마음같이 서럽겠습니까?

한도 없고 끝도 없어, 다 못 쓰고
대강만 적습니다
어서 와서 이 편지 보시고

내 꿈에 오셔서
당신 모습 자세히 보여주시고
또 말해주세요

원이 아버지에게 쓴 아내의 편지
병술년(1586년) 유월 초하룻날
임이 가시는 날에

마음을 담은 한글 편지를 관 속에 넣었다
편지는 커다란 한지에 쓰여져서
죽은 남편의 가슴 위에 얹어 놓았고

아내가 정성스레 머리 카락으로 엮은
미투리도 함께 놓여 있었다
나는 꿈길에서 당신을 볼 수 있다고 믿습니다

몰래 와서 보여주세요
하고 싶은 말은 끝이 없어
이만 적습니다.

제4부

대망大望
— 스토리텔링

봄을 알리는 새

오다이於大가 시집가는 날은 1월 26일
카리야 성城의 주인 미즈노 타다마사水野 忠政의 딸인
오다이는 14살, 혼인 상대인 오카자키 성주城主
마츠다이라 히로타다松平 廣忠는 16살

시집가는 날, 행렬은 셋으로 나뉘어 각자 성을 출발
둘은 위장 행렬, 혼인을 반대하는 오다이의 이복 오빠인
노부모토가 신부 오다이를 납치한다는 풍문
가마 행렬은 삼엄한 경비로 여간 조심

가마 행렬이 아이즈마 강가에 이르렀을 때
가마를 탈취하려는 무리들이 기습을 시도
행렬을 보호하려는 경비병들과 한바탕 싸움
일부 경비병들은 가마 행렬들을 기를 쓰고
강가에 대기하던 배 안으로 밀어넣었다.

가마를 실은 배들은 각각 세 방향으로 도망쳤고
가마의 탈취를 노리던 노부모토의 부하들은
두번째 가마에 신부가 타고 있으니
탈취하라는 지시를 받고, 그 가마를 추격하였는데
이는 카리야 성에서 허위로 흘린 정보

배에서 내린 세 행렬들은 다시 성을 향해 움직였고
또 한번의 기습으로 두번째 가마 행렬은 탈취당하고
나머지 가마 행렬들은 유유히 목적지인
오카자키 성 안으로 들어갔다.
세번째 가마에 탔던 신부 오다이는 성 안에서
어머니 게요인華陽院과 상봉하였다.

어머니를 후처로 달라는 신랑의 아버지 키요야스
아버지 타다마사는 양가의 화목을 위해
어머니의 재가再嫁를 마지못해 허락
신부 오다이는 친어머니이자
시어머니인 게요인과 9년만에 상봉

오다이는 게요인을 다시 만난 감격에 부둥켜 안으면서
울음을 참았고, 부부의 혼례식이 끝나고
첫날밤에 신랑은 신부에게 아무 행위도 하지 않은 채
잠만 자고 있었다.

오다이는 아직 남자를 몰랐고, 아마 첫날밤은
그런 것이려니 생각하였다.
신랑 히로타다는 이 혼인을 탐탁치 않아 했고
이미 소실과의 사이에 아들을 낳아 키우고 있었다.

신랑은 신부와 저녁 술자리를 함께 하는 날에도
신부 곁을 떠나 아들을 낳은 소실 오히사에게로 가서 잤다.
이제 오다이까지 2대에 걸쳐 정략 결혼
난세에서 볼 수 있는 모녀의 불행
오카자키와 국경을 마주 하고 있는 카리야 성주는
딸을 출가시켜, 두 집안의 무력 충돌을 막아보자는 생각
그런 이유로 어머니 게요인도 카리야 성에서
자식 5명을 낳았음에도 이곳에 후처로 들어왔다

오다이는 인근에서 가장 뛰어난 미인
아직 어리지만 심성도 아주 착하다는 평판
신랑 히로타다는 오다이의 미모에 끌리면서도
"그대는 잠든 히로타다의 목을 베러왔나?"
마음에도 없는 변덕스런 행패로 그녀를 괴롭혔다.

그럴 때마다 불심佛心이 강한 어머니는 좀더 참고
기다려야 한다고 다독여 주었다.
오다이는 어머니 말씀대로 따를 수밖에 없었다.
양가兩家의 화친 도모는 근교 원공近交遠攻의 책략이었다.

이 시대 돌아가는 주변 사정은 간단하지 않았다.
동쪽 슨푸 성의 이마가와는 강력한 군사력으로 히로타다를
압박하고 있고, 서쪽 오다 일족은 신흥 세력으로 힘을 키우면서

카리야 성을 장악하려 했다.
약한 자들을 굴복시키려는 힘있는 자들의 숨겨진 발톱
약한 자들은 살아남으려 발버둥치는 난세亂世
봄날의 꽃봉우리와도 같이 활짝 피어나고 있는 어린 오다이
현실을 슬기롭게 이겨내야 하는 마음 고생

풀 이름으로 망각을 알고
풀 이름으로 망각을 알고
인내는 이 몸이 되려는가…

여성의 노래

히로타다는 허공을 응시하며 싸늘한 복도로 나갔다.
바람이 불어, 뜰앞의 소나무가 윙윙 거렸다.
무서운 침묵으로 오다이의 침소로 들어갔다.
새하얀 이불 속
검은 머리만 보이는 14살 신부는 아무 말이 없었다.

"오다이… 용서해. 내가 나빴어."
그녀의 이불은 한층 더 세게 떨리고 있었고, 목이 메어
말이 잘 나오지 않았음에도
"나 히로타다는… 술버릇이 나쁜 것 같아. 용서해줘."

이불 속에서 얼굴을 드러낸 오다이의 눈시울은 젖어 있었다.
"울면 안돼. 그만 울어." 두 사람은 얼굴을 마주 보았다.
누가 먼저인지 모르게 발그레하게 볼을 물들이면서
즐거운 미소로 그녀는 고개를 끄덕였다.

봄볕이 드디어 꽃을 품는 모양이었다.
서쪽의 강자인 오다 노부히데는 나고야 성에 요새를 쌓고
세력을 점차 확대해 나갔다.
원래 히로타다 일족의 소유였던 안죠 성을 빼앗았다.

지금 오다이가 시집 와서 살고 있는 오카자키 성마저
카리야 성주인 아버지에게 함락시키라고 부추기고 있었다.

동쪽 슨푸 성주 이마가와는 오카자키 성이 점령되면
이마가와 요시모토今川 義元의 목적인 서쪽 진출에 장애가 된다.

"히로타다가 그의 아버지 키요야스만큼 강하다면…
너무 허약해서 안죠 성까지 빼앗기고…"
오와리의 오다는 새로 일어난 실력주의자이고
이마가와는 자유와 문화를 펼치려는 문명주의자였다.

오다이의 남편 히로타다는 양 강자인 오다와 이마가와
양쪽 틈에 끼어 있었고, 양 강자는 서로 싸울 기회를 노렸다.
오다이는 어머니 케요인이 가져온 목화씨를
성안 백성들에게 나눠주고

인간의 생애가 아무리 덧없다 해도 이 목화만은
영원히 세상에 남아있으리…
삼베보다 부드럽고, 종이보다 질기며
누에를 칠때처럼 바쁘지도 않다.
뽕나무에 바로 누에고치가 열리는 것처럼…

오다이는 언제나 미소짓고, 탐스러운 자신의 미모와 더불어
백성들에게 호감을 주었고
모두들 안방 마님으로 불렀다.
"케요인은 정말 영리한 여자야.

오다이에게 끊임없이 지혜를 불어넣고 있어."
남편의 사랑을 독차지하게된 오다이에 대한
소실과 하녀들의 푸념
어머니가 준 흑사탕을 귀한 선물이라고
오다이는 소실 오히사의 아들인 칸로쿠에게 건네주었다.

자신도 함께 한 알을 입에 넣었다.
처음 맛보는 달콤함과 다가오는 어머니의 마음…
오다이가 자신의 방으로 돌아왔을 때
남아있는 흑사탕의 뒷맛
잠시후 오다이의 가슴으로 울컥 치미는 구토…

시녀가 그녀의 등을 두드렸을 때 왈칵 무언가를 토해냈다.
오다이의 이마에는 은빛 땀이 방울 방울
늙은 시녀가 오다이의 얼굴을 자세히 들여다 보며
"참으로 경사스런 일입니다! 마님, 임신하셨습니다."

카리야 성주 타다마사는 딸의 임신 소식을 듣고
"나의 참을성, 그리고 사돈 키요야스의 용단을 고루 지니고
태어날 손자가 필요해."
남편 히로타다는 오다이에게
"강한 아기를 낳아주면 좋겠어…" 하면서 천장을 노려보았다.

"주변의 강한 세력인 이마가와를 의지하지 않고
오다 일족에게도 굽히지 않으면서, 유유하게 혼자서
천하를 헤쳐나갈 수 있는 강한 자식 말이야."
오다이는 한참 동안 곰곰 생각해보았다.

남녀간의 성관계를 통해 태어나는 아이
때론 환영받지 못하는 아이도 분명 있다.
불륜, 간통에서부터
단순히 쾌락을 추구한 결과로 태어나는 아이도 있다.
그러한 아이의 운명이 축복받을 수 있을까?
"훌륭한 아이를 점지해주소서!"

이렇게 기원하며 낳은 아이는 다른 아이들과
확실히 다를 것이다.
태어난 뒤 양육도 중요하겠지…
이런 생각을 하다가 자신도 흠칫 놀랐다.
과연 인간의 운명을 어찌 알 수 있을까.

오다이는 어머니가 말한 "부처님의 화신"을 낳고 싶다는
기도를 하였고 "내가 산실産室에 들어가거든
산에 모신 약사여래에게 참배해주었으면 해.
내가 사내 아이를 낳았다고 하면
곧바로 법당의 불상 하나를 가져다 줘."

오다이는 깜짝 놀라는 시녀들에게 간곡히 당부하고 오다이는
새벽 인시(寅時 오전 4시경)에 아들을 낳았다.
호랑이 해寅年에, 호랑이 시寅時, 아명兒名은 타케치요竹千代
후에 일본 천하를 지배하게 되는 도쿠가와 이에야스德川 家康

아기가 태어난 날, 호라이시鳳來寺에서 호랑이가 창을 가진
보현 보살 불상 하나가 사라졌다.
오다이는 아이를 소중하게 키우라는 계시라고 믿고 싶었고
사람들은 그 수호불상이 아기로
다시 환생하였다고 하는 말들을 믿고 있었다.

옷이 아름답구나
어서 어서 흔들어라
여섯 자 소맷자락을
소매를 흔들지 않으면 춤을 추지 못하느니

봄의 천둥 소리

카리야 성주 타다마사는 병상病上에서
외손자의 출산 소식을 듣고 기뻐하였으나
얼마되지 않아 세상을 떠나고 말았다. 인간의 윤회輪廻이런가…
카리야 성은 오다이의 이복 오빠인 노부모토가 성주城主가 되었다.

그는 오다 일족을 따르게 되었고, 남편 히로타다는
오다와 대립하는 이마가와측의 보복이 두려워졌다.
히로타다와 오다이는 이마가와 측이 병문안 명목으로 보낸
사자使者들을 맞았을 때, 그들은 오다이와 은근히 이혼하라는 압박

오다 쪽과 내통하는 세력들을 뿌리 뽑아야 한다면서
히로타다는 자진해서 오다이를 멀리 보내 이마가와 측에
구실을 주지 않으려 했음에도, 오다이는
끝내 오카자키 성을 떠나야만 했다.
오다이의 나이는 이제 17살

아들 다케치요의 나이는 어린 3살
어머니 케요인은 오다이에게 다케치요를 돌보겠으니
마음을 강하게 먹고, 고난을 이겨내라고 당부
오다이는 눈에 밟히는 어린 아들을 두고 떠나며
약자의 설움을 안으로 곱씹어야했다.

그들이 이혼한 후 히로타다는 타와라 성주의 딸인 마키히메와
재혼하였고, 오다이도 작은 성주인 야쿠로 토시카츠와 재혼하였다.
오다이를 못잊어하는 히로타다는 욕실에서 때를 미는 하녀인
오하루를 가까이 하며, 마키히메를 멀리 하였다.

오다이 역시 옛 생각과 두고온 자식 걱정에
남편 토시카츠에게 마음이 걸렸다.
히로타다도 날로 쇠약해지는 자신을 잘 알고 있었고
빼앗긴 선조들의 본거지인 안죠성 탈환을
더 이상 늦출 수는 없다고 생각했다.

안죠성 공격을 결심하고, 서남쪽에 있는 낮은 언덕으로 진군
안개가 걷치기 전에 군사들은 성밖에서 산개散開
공격을 시작하였으나, 성안에서는 화살 하나 날아오지 않았다.
성안의 군사들은 이미 밖에서 매복하였다가
불시에 사방에서 역습을 가해왔다.

적의 원군도 도착한 것으로 보였고, 히로타다의 안죠성 공격은
무모한 짓이었다. 공격의 허虛를 찔린 군사들은 포위당하고 말았다.
부하 헤이하치로는 히로타다를 보호하기 위해
자신의 작은 깃발을 히로타다의 등에 꽂았다.

그는 히로타다의 깃발을 빼앗아 자신의 등에 세우고
그가 대장인 척 최후의 돌격을 감행하였다.
그는 히로타다에게 빨리 퇴각하라고 외치면서
적진에서 용감히 싸우다가 전사
안죠성 망루에는 오다의 깃발이 펄럭이고

안죠성 탈환에 실패하자
이마가와 성주는 히로타다의 아들을 인질로 슨푸에 보내라고
요구하였는데, 아들 다케치요는 이제 6살
12월생이므로 4년 7개월밖에 안 된 어린아이

할머니 케요인은 "어디에 가건 이 성의 성주란 걸 명심해라."
다케치요는 알아듣기라도 한 듯, 꾸벅 고개를 끄덕였다.
인질로 가기 위해 다케치요 일행이 성을 떠나
슨푸로 가기 전에 임시 진지인 시오미자카에 도착

히로타다와 재혼한 마키히메의 친정인 타와라 성에는
오빠인 노부미츠와 고로 두 형제
그들은 임시 진지에서 다케치요 일행을 유인하여 납치
오다일족에게 넘겨줄 계획… 형제들의 연회 초청으로
다케치요와 시동들은 요소지에몬과 함께 임시 진지를 출발

타와라 성 형제들도 뒤에서 함께 동행
진흙길이 모래땅으로 바뀌고, 모랫길을 한참 내려갔다.
한쪽 생울타리 그늘에서 우루루 사람들이 뛰어나오고
노부미츠와 고로도 앞으로 나왔다. 요소자에몬은
순간 형제들의 계략에 말려든 것을 깨달았다.

요소자에몬은 칼을 빼들고 저항을 시도했으나
더 이상 속수무책임이었다. 그는 갑자기 칼을 거꾸로 쥐고
그 위에서 자기 배를 내던지듯 찔렀다.
이미 대세는 결정되었다. 다체치요는 그들이 준비한
배에 실려서, 오다측에게 인질로 넘겨졌다.

인간의 죽음이란 정해진 운명
추억으로
어찌할 바를 모르네
운명 이야기로 지새는 밤…

때를 기다리는 호랑이

"타케치요" "왜 그래?"
"너는 내가 좋으냐, 싫으냐?" "아직 몰라"
"그럴테지. 하지만 너는 내가 누군지 모를 거야."
"알고 있어"

"뭐, 알고 있다고?… 그럼, 말해봐."
"오다의 후계자, 노부나가님이야."
타케치요는 인질로 끌려와, 앞으로 오다 일족의
후계자가 될 14살의 노부나가를 만나게 되었다.

오카자키의 성주인 히로타다는 심한 우울증과
측근까지 의심하는 행동의 지속으로, 측근 무사인
하치야에게 살해되었다. 하치야는 욕실에서 때밀어주던
하녀 오하루의 사촌이자, 버림받은 연인

오카자키 성에서 가신家臣들은 성주의 사망을 알리지 않고
병환으로 중태라고 숨겼고, 사후 대책을 논의
"안죠 성주 오다 노부히로를 납치, 타케치요 님과
교환해서 모셔와야 할 것입니다."

이마가와 측에서는 타케치요가 돌아온다 하여도
성인이 될 때까지는 인질로 보내야 한다고 하였다.
주인을 잃은 오카자키 성에서는 이마가와 측에서
성주 대리를 보내서 성을 지배하도록 하였다.

오카자키 성의 가신들과 백성들은 전투에서는
선봉으로 앞장서게 하였고, 옷은 헐벗고, 배는 굶주려서
거의 거지같은 삶으로 전락하였고
오카자키 성은 이마가와 일족이 지배하였다.

이마가와 군사의 지휘권을 쥐고 있는 셋사이雪齋 스님은
법의法衣 안에 갑옷을 입고 작전회의를 하고 있었다.
안죠 성을 공격하여, 성주 노부히로를 포로로 잡는
목표가 전투의 관건이었다.

드디어 3월 이래의 침묵을 깨고
의지와 의지의 격렬한 전투, 이 승패의 결과에 따라
오카자키의 고아 타케치요에게 걸린 운명
이마카와 군사를 지휘하는
셋사이 스님은 오카자키의 가신들을 선봉으로 세웠다.

타케치요를 데려오기 위해, 강한 기질의 오카자키 가신들은
목숨을 버릴 각오로 안죠 성을 공격, 함락시켰다.
노부히로 성주는 포로로 잡혔고
셋사이는 오다 측에 타케치요와 인질 교환을 제의

노부히로는 오다의 후계자인 노부나가의 이복 형님,
나고야 성주 오다 노부히데는 육친의 정은 어쩔 수 없었는지

130 봄을 알리는 새

아들 노부히로와 타케치요의 인질 교환을 허락하였고
타케치요는 인질로 슨푸에 도착하였다.

다케치요는 성주 이마가와 요시모토에게 신년 하례를 끝내고
셋사이 스님을 찾아갔다.
셋사이는 요시모토의 사부이자, 실권자였고
나는 새도 떨어뜨릴 정도의 맹장
할머니 케요인의 주선으로 그의 가르침을 받게 되었다.

슨푸에 온지 3년째를 맞이하여
타케치요도 벌써 11살, 목검 훈련과 수영으로 단련한 몸은
몰라볼 정도로 성장, 병법과 논어도 익혔고
대장과 졸병의 수업은 달랐다. 전쟁터에서 실전을 벌이듯
주먹밥을 먹으며 훈련

요시모토 성주의 여동생의 딸인 츠루히메와 또다른 측근의 딸
카메히메가 14살이 된 타케치요와 가까이 지냈다.
요시모토 성주가 주관하여 관례식을 올리고, 그는 이름도
마츠다이라 모토노부라고 불리게 되었다.

요시모토 성주는 모토노부의 혼례를 생각하고 있었다.
성인이 된 모토노부는 자신보다 4살이 더 많은 카메히메를
좋아하였으나, 이제는 시집을 가서 없었다.

요시모토는 자신보다 6살이 더 많은 츠루히메와
혼인을 추진하였다.

그가 혼인하면 요시모토 성주의 조카 사위가 된다.
이 두 여자는 요시모토의 아들 우지자네에게 농락당한 것을
모토노부도 알고 있었다. 모토노부와 츠루히메의
혼례 날짜가 신년 1월 5일로 정해졌다.

스승 셋사이가 중태라고 하여, 그는 마지막 병문안을 갔다.
스승은 유언遺言 같은 마지막 말을 남겼다.
"네가 혼인하면, 너와 아내, 아이들은 슨푸의 인질이 되는 거야.
너에게 남기는 마지막 숙제이다…"

"저는 슨푸에 남긴 처자를 잊겠습니다."
"잊고 싸우다 죽겠다는 거냐?…"
모토노부는 예측할 수 없는 미래를 생각하며
거부할 수 없는 현실에 순응해야했다.

숲속에서 나온 호랑이가 포효하는 것은
위세를 떨침인지,
두려움 때문인지….

구름을 부르는 자

오와리 전체를 호령하려고 결심하고 있는 노부나가는
시장에서 바늘을 파는 익살스런 표정의 장사꾼에게
"어떠냐, 원숭이! 바늘은 좀 팔리느냐?"
"아, 말상을 한 사람이군. 어때, 내 예언이 맞지?"

"넌 대관절 여기서 누굴 기다리고 있는 거지?"
"물론 당신이지." "무엇 때문에?"
"약간의 도움이나 줄까하고…"
원숭이를 닮은 키노시타 토키치로는 재치가 있었다.

"언젠가는 내 오른 팔이 될 녀석인지도 몰라.
인재는 성안의 평범한 자들보다, 이런 녀석이 쓸모가 더 있지."
성으로 데리고 온 토키치로에게, 노부나가는 말을 담당하는
하급 무사 일을 맡겼다.

관례 때 이름을 모토노부로 바꾼 타케치요는
15살 되던 해의 정월에 오카자키에서 조상의 성묘를 끝내고
슨푸로 돌아와서 '모토야스'로 개명改名하였다.
모토야스가 18살이 되던 해에 드디어 첫 출전의 기회

이번 출전은 모토야스가 한 부대의 대장으로서
쿄토 진입 작전의 예행 연습과도 같은 시험 무대였다.
"오타카 성이 오다군에게 포위되어, 식량과 지원군을 요청하고 있어

식량만 있으면 성은 함락되지 않을 거야."

이마가와가 지켜보는 가운데, 모토야스는 본진과 전후 좌우익에
군사를 배치하고, 본인은 본진을 지휘하며 유격대가 따르게 하였다.
모토야스는 오타카 성에 들어가는 체하고
테라베 성에 좌우익 군사를 보내어 공격하였다.

오다의 군사들이 테라베 성쪽으로 모두 집결해왔다.
모토야스는 유격대와 본진을 이끌고, 오타카 성으로 들어가서
식량을 반입시켰다.
첫 출전은 모토야스의 승리였다.

이마가와 요시모토는 3월부터 쿄토로 진출하려는 야심으로
본격적인 준비에 착수하였다.
쿄토 진공進攻에는 모토야스군 2,500명을 필두로
6개 진영으로 나뉘어, 약 2만 5천 명을 동원할 예정이었다.

그에 비해 오다군은 고작 5,000명이었다.
먼저 모토야스의 오카자키군은 적장 7명의 목을 베고
마루네 성채를 점령
오타카 성의 나가테루 군사가 키요스로 공격하러 나가자
모토야스 군사들은 오타카 성으로 들어가서 교대로 휴식

이마가와 요시모토의 본대 5,000명은 3단 방어 전략으로
맨 뒷쪽에서 따르고 있었다. 덴카쿠 분지에 다다르자
점령지 마을 대표가 가져온 술과 음식을 먹으며
잇따른 승전을 축하하는 노래와 춤을 추며 즐기고 있었다.

노부나가는 적은 수의 병력으로는 공격할 엄두를 내지 못하고
다만 농성籠城 할 준비를 하고 있다는 정보를 흘리고
요시모토 본대의 위치를 계속 파악하고 있었다.
본대가 오와리 근처까지 접근했다는 척후의 보고

노부나가는 정예부대 1,000명을 이끌고, 요시모토 본진이 있는
덴카쿠 분지를 향하여 돌진하였다.
주위는 어두워졌고, 장대같은 빗줄기는 인마人馬를 때리고
격심한 천둥 소리와 거센 바람이 불고 있었다.

승리에 도취되어 방심하고 있던 이마가와의 군사들은 흙탕 속에서
당황하며 아우성치고, 요시모토는 취해 있었다.
진중 모반이라고 생각하고 있을 때였다.
젖은 장막을 걷어차듯이 하면서, 말탄 무사가 다가왔다.

창끝이 요시모토의 허벅지를 찔렀고
또 한 사람의 무사가 뛰어들어 큰 몸집의 요시모토를 덮쳤다.
요시모토는 상대 무사의 손가락 하나를 물어뜯은 채 목이 짤리고

덴카쿠하자마의 이슬로 사라졌다.
노부나가는 불과 3,000명도 안되는 군대로
5만 명 이상으로 늘어난 군대의 핵심을 제거
마치 적을 상대하는 것이 모기가 황소를 쏘는 것과 같았다.
그는 노부시野武士를 모방한 새로운 기습 전법으로
적장敵將을 쓰러뜨렸다.

적장을 잃은 적군들은 여기저기 흩어지며 패주敗走
오타카 성의 모토야스에게도 요시모토가 전사했다는 소식
패주하는 이마가와 군대를 위해, 선봉에서 더 이상의 공격은
아무 의미가 없었다. 그는 오카자키 성쪽으로 철수

성밖 카모다고에 있는 다이쥬 사寺에
모토야스의 군사들이 속속 집결하고 있었다.
이 성에는 아직도 슨푸에서 파견된 수비 책임자들이 남아 있어서
눈앞에 두고서도 들어갈 수 없었다.
요시모토의 죽음으로 수비대는 사기가 떨어졌다.

며칠후 성의 수비대장은 군량을 실은
짐수레, 깃발, 잡병들을 이끌고, 슨푸로 후퇴하였다.
모토야스는 혼자 중얼거렸다.
"성을 버렸단 말이지. 할 수 없는 일이지.
버린 성이라면 슨푸의 지시가 없어도 주워 가져야겠지."

오카자키 성에 돌아온지 모토야스는 어느덧 8개월이 지났다.
성안의 백성들은 형편이 많이 좋아졌고
상인들이 출입하는 시장도 활기가 넘치고 있었다.
슨푸에서는 모토야스에게 돌아오라는 재촉이 빗발쳤다.

모토야스는 "우리가 여기에서 오다군을 저지하지 않으면
슨푸, 토토우미까지 공격의 위험이 있다.
우리가 여기에서 힘을 합쳐 방어할 것이니, 안심하시라"고 변명했다.
그는 망해가는 슨푸로 돌아갈 이유가 없다고 생각했다.

오다 일족에서는 모토야스에게 사자를 보내어 화친을 요청해왔다.
이마가와 쪽에는 더 이상 희망이 없었다.
모토야스는 노부나가와 은근히 화친을 맺고
미카와와 오와리를 경계선으로 하여
서로 침범하지 않을 것을 약속하였다.

모토야스에게는 오카자키 성을 근거지로 하여
침략을 받지 않고 힘을 비축해 나갈 여유를 갖게 되었다.
슨푸에는 아직도 아들과 딸이 남아있었고
츠키야마 부인은 모토야스가 오다측과
화친을 맺은 것을 알고, 몹시 화를 내었다.

더욱이 모토야스가 니시고리 성을 함락시켰을 때

그녀는 분노가 극에 달할 정도였다.
모토야스는 볼모로 잡은 슨푸 일족의 공신 나가테루의
두 아들과 츠키야마의 아들·딸과 교환을 제의하였다.

인질 교환이 성사되어, 모토야스의 처와 아들과 딸이
오카자키에 돌아올 수 있었다. 그들이 돌아온지 넉달이 지나서
노부나가 측에서 모토야스의 아들과 노부나가의 맏딸 토쿠히메와
올 봄에 정혼을 하자고 제의하였다.

츠키야마는 아직도 오다 일족이 슨푸를 멸망시켰다는
반감이 강하게 남아 있었기 때문에, 무섭게 화를 내곤 하였다.
7월 칠석날 모토야스는 이름을 이에야스家康로 바꾸었다.
이마가와 쪽의 흔적을 이름에서 조차 지우려는 것이었다.

5월 27일 모두 9살 동갑인 이에야스의 아들과
노부나가의 딸인 토쿠히메의 혼례식이 올려졌다.
이에야스의 아들도 혼인하기 위하여 이름을 노부야스로 바꿨다.
이에야스는 슨푸와 토토우미의 분할로 영토를 확장해나갔다.

도쿠가와 이에야스德川 家康의 나이는 27살
이에야스의 맏아들 노부야스는 12살의 나이로, 성에서 아버지를 대신
신년 하례를 받았다. 그해 봄에는 12살의 노부야스와 토쿠히메가
진정한 부부가 되었다고 노부나가에게도 알려왔다.

죽음은 누구에게나 오는 것
그리움을 생각하면 무슨 소용인가
이미 정해둔 사연이나마
남겨두리라

보이지 않는 실

키노시타 토키치로가 히데요시秀吉로 이름을 바꾼 것은
그가 키타바타케를 공격할 때였다.
자진해서 어려움을 떠맡은 그의 용기를 가상히 여겨 노부나가는
감탄하였고, 지혜있는 장군의 뜻이 담긴 이름을 지어주었다.

노부나가의 여동생인 오이치의 남편 나가마사는 의義를 내세워
노부나가와 적대적인 관계에 있었다. 나가마사의 오다니 성 공격에
히데요시가 앞장섰고, 이에야스 군사가 지원하려고 도착했을 때는
한바탕 치열한 열전을 벌인 뒤였다.

이에야스군은 나가마사를 지원하려는 아사쿠라군을 상대할
제1진에 편성되었고, 본진은 노부나가와 히데요시가 이끌었다.
오다군은 나가마사군과 접전이 시작되었고, 정면으로 공격해오는
아사쿠라군을 보고, 이에야스는 명령하였다.

"오다군에 가세하는 것처럼 보이면서
아사쿠라의 본진 오른쪽을 공격하라."
우선 아사쿠라군을 혼란에 빠트린 뒤에
스스로 노부나가 곁으로 달려갈 생각이었다.
아사쿠라군의 혼란을 틈타 이에야스군은 승리하였다.

코후 성에는 쿄토로 상경할 기회를 노리고 있는
타케다 신겐武田 信玄과 그의 숙명적인 적수인 에치고의 우에스기 겐신

이런 끈질긴 적 때문에, 신겐은 군사를 둘로 나누어서 대비
50살을 넘긴 신겐은 동쪽에서 틈만나면 영지를 확장
120만 석의 영지와 약 3만의 군사를 보유

그는 신라의 해상왕 장보고를 흠모
장보고의 후손이라는 말도 전해진다.
병법에도 능통하여 당대 최고의 전략가 타케다 신겐이
3만의 대군을 이끌고 코후 성을 출발하여 타타라, 이다
두 성을 점령하고 쿠노 성으로 육박. 이에야스의 가신들은
적은 군사로 대군과 맞서는 것을 만류

신겐 군사들의 서쪽 진군을 막지 않으면
그들이 성을 공격하지 않을 것이라고 약속
이에야스는 이들의 의견을 단호히 뿌리치고
후타마타 성의 마사테루 공격을 감행
오다의 원병이 오지 못하면, 이에야스는 싸움을 피하고
코후 군을 통과하도록 할 작정이었다.

타케다군의 실제 병력은 약 27,000명, 오다의 원군 3,000명과
이에야스가 이끄는 2,500명의 들을 합쳐도 중과부적衆寡不敵
이에야스는 9개 부대를 총 동원하여 학익진鶴翼陳을 펼쳤고
신겐은 종대縱隊의 어린진魚鱗陳으로 거대하게 움직이기 시작하였다.

오다의 지원군이 먼저 무너졌고, 이에야스군도
고전을 면치 못하였다. 이에야스의 신변이 위험해지자
그의 측근 무사가 이에야스의 말을 채찍으로 갈기며
정신없이 달아나도록 하였다.
이에야스는 자기가 어떻게 성문으로 들어섰는지 알 수 없었다.

이에야스의 미카타가하라 전투는 치욕적인 참패였다.
노부나가와의 의리 때문에 저질러진 실책이었다.
타케다군은 하마마츠 성앞까지 추격하였고 다행이도 이튿날
타케다군은 완전히 철수하여 교토로 향해 서쪽으로 진군하였다.

타케다군의 본진은 노다 성을 공격하기 위해
성밖 가깝게 진출하여 진지를 구축하였다.
성안에는 호유라는 피리의 명인이 있었다.
전투가 끝나면 그는 밤마다 피리를 불었다.
적도 아군도 들었는데, 신겐도 피리를 좋아하였다.
신겐도 걸상에 앉아 매일 듣고 있었다.

본진 뒤에 있는 언덕에 신겐이 앉을 걸상 놓는 자리는 정해져 있었다.
노다 성의 저격수는 사정 거리를 확보한 위치에서
총을 조준하여 서너발 발사하였다.
순간 진지에선 때아닌 소동이 벌어져, 우왕좌왕하였다.
그 이틀 후에 신겐의 가마는 호라이 사寺로 들어갔다.

전투에서 이에야스는 신겐의 무궁무진한 전법에
소름이 끼칠 정도였었다. 그러나 이제 신겐은 죽었다.
신겐의 아들 카츠요리는 신겐이 병중病中이라고 속이고
쿄토로 상경하는 진군을 중지한 채 서서히 전열을 가다듬어
슨푸 성으로 돌아갔다.

이에야스는 허공을 노려보며, 자신을 꾸짖었다.
"상대의 불행을 기뻐해서는 안된다."
오카자키 성의 보수를 끝낸 이에야스의 행동은 질풍과도 같았다.
요시다 성에서 일단 하마마츠 성으로 철수했는가 싶었는데
오이가와를 건너 스루가 성을 공격하였다.

쿠노 성을 상대로 전초전을 시도해보고
다시 슨푸 성으로 육박해 들어갔다.
이 모든 전투는 타케다 신겐의 생사生死를 확인하고
그 결과에 따라 대책을 세우려는 탐색전이었다.
신겐의 죽음에 대하여 평소 지병이 있어 죽었다는 설說과
총을 맞아 그 부상으로 죽었다는 설說이 있다.

이에야스는 적들이 성의 공격에 대비하여 수비를 탄탄히 하고 있는
기회를 틈타서, 오이가와를 건너 재빨리 요시다 성으로 철수하였다.
미카타가하라에서 신겐에게 참패당한 이에야스가
반년만에 드디어 전투의 주도권을 되찾았다.

이에야스는 아들 노부야스에게 첫 출전을 명하고
오카자키 성에 남아 대비할 것이라는 추측과는 달리
보통 상식의 허점을 찔러 성 밖으로 나와 사방팔방으로 헤집고 다녔다.
적은 여기저기 눈길을 돌리면서
상대의 움직임에 관심을 기울여야 했다.

신겐의 죽음은 확신할 수 있었으나, 아직 코후의 세력은 강대했다.
나가시노 성 공격의 시기가 시시각각 다가오고 있었다.
이에야스는 나가시노 성을 손에 넣어
코후 군의 발판을 부술 필요가 있었다.

이에야스가 나가시노 성을 함락시킨 것은
오쿠다이라 부자父子가 타케다 군을 교묘히 따돌리고
타키야마 성에 들어간 8월 20일 코후에서 지원나온
타케다 카츠요리 군사들은 이에야스의 책략에 넘어갔다.

나가시노 성주 마사다다는 성을 버리고
이미 호라이 사寺로 도주하고 없었다.
물론 이에야스와 오쿠다이라 부자 사이에는
영지를 온전히 확보해주고, 이에야스의 딸을 출가시키겠다는
밀약密約이 있었다.

나가시노 성을 철수한 타케다 군의 주력부대가

다시 1만5천 명의 대군을 이끌고, 하마마츠 성을 공격해왔다.
"카츠요리는 신겐 공이 죽은 후의 첫 출전이니
위력을 과시하려고 기를 쓰고 있을 테지."

이에야스는 혼잣말을 하면서, 적의 허점을 찾았다.
이에야스는 11대의 복병을 배치하여 여기저기에서 함성을 질러
적을 교란, 군사들을 동요하게 만들었다.
보급로를 차단, 적을 궁지로 몰아넣는 전술도 펼쳤는데
이는 타케다 신겐의 전법을 모방한 심리전心理戰

동요하던 카츠요리 군내에서 참모들은 철수하자는 목소리를 높였고
서두르지 말고 때를 기다리는 것이 상책上策 중의 상책이라고
카츠요리를 설득하였다. 마침내 그들의 주장을 받아들여
카츠요리는 비통한 마음으로 철수를 결정

달도 숨는구나. 저 산마루로
서로 헤어져 떠도는 구름을 보면
내일의 이별도 그와 같은 것
가슴에서 떠나지 않으리
저 짙은 보랏빛의…

소나기 구름

하마마츠 성에서는 언제나 성문을 열고, 공격해나갈 태세
이에야스는 본성 앞의 막사에만 틀어박혀서 전혀 타카텐진 성에
원군을 보내지 않았다. 농성을 하고 있는 타카텐진에서는
계속 원군을 청하는 밀사를 보내왔다.

이에야스는 고개를 끄덕이며, 곧 원군을 보내겠다는 말만을 했다.
그는 노부나가의 원군이 도착하기를 기다리고 있었다.
싸우는 것만이 전투는 아니다. 싸우고 싶을 때
꾹 참고 움직이지 않는 인내심도 전투다.
타케다 신겐은 그런 전투에 강했다.

오다의 원군이 도착했을 때, 타카텐진 성은
카츠요리 군에게 함락되었다. 노부나가는 군사를
요시다 성으로 후퇴시켰다. 신라에서 일본으로 건너온
타케다 가문의 옛 조상 이름이 신라 사부로新羅 三郞였다.

그때 가져온 귀중한 갑옷은 가보로 전해져 왔는데
그 갑옷을 꺼내어 입은 타케다 카츠요리는
1만5천 명의 군사를 이끌고, 나가시노 성을 공격하였다.
성 안에는 500명의 군사가 농성하고 있었다.

고작 2, 3일 안에 승부가 날 것으로 보였다.
남이 노하면 웃고, 울면 노하는 것이 노부나가의 성격

노부나가의 원군은 상대를 압도할 정도로 많은 군사와 총포대
나가시노 성이 약 10리 앞에 보이는 시타라가 하라에 도착
오다와 이에야스 연합군은 약 2만 8천 명,
노부나가가 최대한으로 동원한 총포대는 3,500명

이에야스의 본진은 단죠잔으로 전진
그 전면에 3중으로 높은 나무 울타리
울타리 밖에는 적을 유인하는 선봉대, 적의 후방에는
퇴로를 차단할 병력을 매복, 카츠요리의 정예 부대인
기마 무사 2,000명이 울타리를 짓밟고 공격해왔다.

뒤에 매복해있던 1,000명의 노부나가 총포대가
천지를 뒤흔들며 총포를 발사. 적군은 거의 전멸
주인 잃은 말들이 소리를 지르며 날뛰고 있었다.
연합군은 패주하는 군사들을 추격
적군의 시체가 산더미처럼 쌓였다.
살아서 돌아간 병사들은 겨우 1할도 되지 않았다.

참패 소식은 카츠요리 본진에 전해졌고
그는 철수를 명령하지 않을 수 없었다.
그동안 무기는 칼에서 창으로, 창에서 총포로 바뀌었으나
타케다 군은 전술면에서 신겐 시대의 것을
그대로 답습하고 있었다.

나가시노 성의 승리는 이에야스보다 노부나가의 지위를
반석같은 위치에 올려놓았다. 이에야스는 카츠요리가 패퇴하자
군사를 스루가로 출동시켜 마키노 성을 함락

이에야스에게 승리의 기쁨도 잠시, 노부나가는
이에야스의 아들 노부야스와 츠키야마 부인을 자결시키라는 요구
노부야스는 매 사냥에서 돌아오면서, 아무 죄없는 승려를
잔인하게 죽였고, 츠키야마 부인은 적인 카츠요리에게
내통하는 밀서를 보내, 가문의 멸망을 꾀하였다.
또한 노부야스의 정실이며 노부나가의 딸인 토쿠히메를
'딸만 낳는다' 고 구박하였다.

그녀의 하녀인 코지쥬의 입을 찢고, 칼로 베어죽이는 난폭함 등
12가지 이유, 츠키야마 부인은 아들 노부야스에게 이야기를 듣고
한순간 바보같은 표정으로 멍하니 쳐다보았다.

"노부나가가 나를 참수하라고?"
"어머님은 카츠요리에게 내응하겠다는 서약서를 보내고
카츠요리로부터 약속하는 서신을 받은 기억이 있으십니까?"
"노부나가가 그 사본을 가지고 있다고 합니다."
순간 츠키야마의 얼굴에서 핏기가 사라졌다.

며칠후 노부야스는 오카자키 성주직을 박탈당하고

성에서 추방되어 당분간 오하마에서 근신하라는 명령
츠키야마의 거처 주위에는 출입구가 없는 울타리가 쳐지고
감시병을 배치했다.
"노부야스! 이 아비도 원통하기 짝이 없다…"

이에야스는 비틀거리면서 거실의 문기둥을 붙들고
겨우 자기 몸을 지탱했다. 이에야스도 노부야스, 츠키야마,
노부나가도 모두 인간인 이상, 끊임없이 실수를 하게 마련인데
하마마츠 성으로 호출받은 츠키야마를 태운 가마가
토미츠카에 도착했다.

호위하던 측근 무사 3명이 츠키야마에 할복을 권유
그녀는 완강히 거부하였다. 그녀는 무사의 칼에 찔려 신음하였고
한 무사가 칼로 목을 내리쳤다. 하마마츠 성에 도착하여
그들은 병상에 있는 이에야스에게
"부인이 자진하여 목숨을 버리셨다"

노부야스는 오하마에서 후타마타 성으로 옮겨졌다.
이에야스는 그가 도망쳐서 살아남기를 바라는 마음
노부야스는 그곳에서 끝내 자결하였다.
이에야스는 타카텐진 성을 탈환하기 위하여
1년여에 걸쳐 카츠요리와 공방전을 펼쳤다.

성은 함락되지 않았으나, 농성하는 성내의 식량은
바닥이 나고 있었다. 카츠요리의 원군도 오지 않아서
성내 민심은 동요하고 있었다.
오랜 농성에 지친 병사들은 문을 열고 공격해나갔고
이에야스의 대대적인 총 공격은 이른 새벽부터 시작되었다.

전투는 정오 무렵까지 계속
7년간에 걸친 타카텐진 성의 쟁탈전은 이에야스군사의 승리
이 성의 승리는 극지전에서의 승리뿐 아니라
타케다 카츠요리의 운명에 결정적인 영향
그의 주변에는 적들로 둘러싸인 사면초가四面楚歌

카츠요리를 상대로 하여 노부나가, 이에야스, 호죠 등이 연합
세 방면에서 쉴새없이 그의 영지를 잠식하였고
카츠요리의 매제인 요시마사도 배신, 노부나가와 손을 잡았고
요시마사를 처단하기 위해 카츠요리가 출병하였다는 소식에
바이세츠도 배신하여 이에야스쪽에 가담

카츠요리는 고립무원孤立無援, 설상가상雪上加霜
카츠요리가 찾아간 츠츠지가사키 성은 아직 공사중
이에야스 연합군 5만 명의 공격을 당해낼 싸움터로는 부적절
경솔하게 츠츠지가사키 성을 나왔다가
카츠요리와 아내 일행은 찾아갈 성을 잃고 방황하였다.

카츠요리의 부인은 친정인 사가미로 돌아가라는
남편의 권유를 거절하였고, 그녀는 깨끗이 자결하였다.
몇 명 남지 않은 측근들의 할복 권유에 카츠요리도
그 뒤를 따라 자결하였다.

꾀꼬리는 매화 가지에
둥지를 트는구나
바람이 불면 어찌할 건가
꽃에 머무를 것을…

눈보라 치는 성城

노부나가의 난폭한 성격과 거친 행동,
측근 미츠히데의 반감은 깊어졌다. 미츠히데가 맡은
이에야스 접대 역할을 박탈, 군사를 이끌고 출전하라는
노부나가의 즉흥적인 지시, 결국 미츠히데는
자신을 사지死地로 몰아넣으려 한다고 판단하였다.

미츠히데는 거실에서 측근들과 밀담을 나누다가 찾아온
노부나가의 사자를 다시 만났다.
"주군께서 접대역을 계속하라고…"
미츠히데는 신음 소리를 내며, 다다미에 머리를 조아렸다.
"분부대로 거행하겠다고 전해주시오."

목소리는 정중하였으나, 미츠히데는
무슨 계략을 꾸미고 있다는 생각이었다.
이처럼 혼자 두는 바둑이 미츠히데의 버릇
이에야스의 접대에 골몰하고 있는 미츠히데에게 빗츄에 가서
히데요시의 후군을 맡으라는 지시가 다시 떨어졌다.

미츠히데는 수시로 결정을 번복하는 노부나가에게
미움을 받고 있다는 생각에, 선택할 폭은 점점 좁아졌다.
"모반謀叛…" 노부나가는 측근 약 50명을 데리고
저녁 무렵에 혼노사寺에 들어갔다.

노부나가가 손님들과 술자리를 끝내고
잠자리에 들어선 시각은 자정이 넘어서였다.
혼노사 주변이 사람들과 말 소리에 소란스러워 잠을 깨었다.
"미츠히데가 모반했다…"
어느 틈에 적과 아군은 사찰의 경내에서 난투를 벌이고 있었다.
"탕, 탕, 탕"

사찰은 무서운 불길로 순식간에 휩싸였고
칼 부딪치는 소리가 간간히 들려왔다.
노부나가와 노히메 부인은 자결하였고
혼노사에서 살아남은 사람은 거의 없었다.
쿄토 안팎은 모두 미츠히데의 군사들이 삼엄하게 배치되어
출입을 차단하고 있었다.

사카이를 여행하던 이에야스는 노부나가의 사망 소식을 듣고
황급히 미카와로 돌아갔다. 이에야스는 8,000명의 군사를
오카자키에서 오와리 접경으로 이동시켰다.
그러한 조치는 오와리 동쪽에 전란의 여파를
한 발짝도 들여놓지 않겠다는 강한 의지

표면상으로는 언제 진격할지 모르는 미츠히데에 대한 견제였다.
한편 츄고쿠 공략에 나선 히데요시는 타카마츠 성에서
모리의 군사와 대치하던 중, 노부나가의 사망 소식을 들었다.

히데요시는 두 사람의 성격 차이를 잘 알고 있었다.
노부나가는 예리한 직관력을 가지고 행동하는 반면에
미츠히데는 순리와 조리에 맞게 행동하는 경향
그런만큼 두 사람은 같은 뜻으로 일을 하면서 종종 충돌
아니 노부나가는 미츠히데를 모욕하면서
일방적으로 몰아부칠 때가 많았다.

지금 노부나가를 죽인다는 것은 미츠히데가
노부나가를 대신하여 천하를 지배할 자신감이 있는지?
그렇지 않다면 어리석은 짓이라고 볼 수밖에
다만 심한 모욕감으로 우발적인 불상사가 발생했을까?
히데요시는 접전중인 모리와 서둘러서 화의를 맺었다.

히데요시는 타카마츠에서 철수하여 히메지 성으로 돌아왔다.
미츠히데는 쿄토에서 노부나가의 잔당을 소탕
노부나가의 거점이었던 아즈치 성을 무저항 상태에서 손에 넣었다.
히데요시는 주군 노부나가를 시해한 역신逆臣
미츠히데를 타도하자는 기치를 내걸었다.

히데요시와 노부나가의 아들인 노부타카, 노부오 형제
시바타 가츠이에 등이 출진하였다.
히데요시의 군사 2만 명은 물밀듯이 카와치를 향해 진군
양군의 전초전은 새벽부터 히데요시의 선봉부대가

맹공을 퍼부으면서 시작되었다.
이들은 승리의 주요 거점인 롄노잔을 재빨리 점령
미츠히데쪽에 가담한 군사는 1만 5천 명도 안 되었고
미츠히데 편이라고 생각했던 쥰케이 군사들은
기회주의적인 태도로 유리한 히데요시쪽으로 붙었다.
전세가 불리해진 미츠히데는 쇼류지 성으로 후퇴하였다.

미츠히데는 참담한 패전에, 가족이 있는 사카모토 성으로
다시 가기 위해, 일단 성을 나왔다. 미츠히데는 숲속을 지나다가
숲속에서 내지른 죽창에 옆구리를 찔렸다.
허리 두 군데도 찔려 피를 흘리며, 말에서 떨어져 앞으로 고꾸라졌다.
피로감이 겹쳐 그는 이미 숨이 끊어진 상태였다.

노부나가의 후계 문제를 논의하려고, 키요스 성에서
회의가 열렸다. 시바타 카츠이에는 노부타카를 내세웠고
이에 동생 노부오가 반발하였다. 히데요시 등은 노부나가의
유지遺志는 어린 적자嫡子인 산보시라는 주장을 관철시켰다.

노부타카는 키요스 회의의 결정을 따르지 않고
상속자인 산보시를 핑계대며 놓아주지 않았다.
노부타카를 지원하는 카츠이에는 노부나가의 여동생
오이치와 재혼한 상태였고
오다 가의 첫째가는 중신이라는 자부심이 있었다.

제4부 대망大望 155

"오와리 나카무라의 농부 자식인 주제에…"
카츠이에는 히데요시를 하찮게 비웃으며
그의 휘하로 들어가지 않았다. 히데요시는 노부나가의 친 아들로
자신의 양자가 된 히데카츠를 상주로 하여
다이토쿠사에서 노부나가의 백일재를 올렸다.

히데요시는 노부나가의 장례식을 7일장으로 정하고
장례식을 구실로 히데요시는 자신의 반대파인 카츠이에가
쿄토로 상경할 것을 요구하였으나, 카츠이에는 상경을
끝내 거절하였다. 히데요시와의 일전一戰도 불사하여
시즈가타케 전투의 도화선을 촉발시켰다.

카츠이에의 아들 카츠토요가 두 사람을 중재하려고
히데요시에게 사자로 오자, 히데요시는 폐병에 걸린 그에게
의사와 약을 대주는 등 환심을 보이며
그를 자기 편으로 끌어들이려 하였다.
카츠토요가 성으로 돌아가자
그가 히데요시의 첩자라는 유언비어…

이에 분격하여 카츠토요는 할복하고 말았다.
마침내 시즈가타케 전투가 발발하고, 오이치 부인은 전 남편의
세 딸을 성밖으로 탈출시키고, 고집스런 카츠이에의 곁에서
그녀는 함께 최후를 맞이했다.

그렇지 않아도 총소리 요란한 여름밤
이별을 재촉하는 두견새의 노래

여름밤의 꿈길, 그 덧없는 흔적을
두견새여, 먼 하늘에 올려다오

인연이 있어 미련없이 함께 걷는 길
저세상에 가서도 길이 섬기리

마음에 내린 서리

히데요시는 대인 관계에서 노부나가처럼
심한 적대 관계는 보이지 않았다.
그는 1년도 안 되어서 오다 가문의 옛 영지를 거의 차지했고
히데요시에게 신하의 예로 대할 것을 천하에 보여주었다.

이에야스의 고집스런 가신들에게는 통하지 않았고
히데요시에 대한 적대관계는 계속되었다.
참을성 많은 이에야스는 시즈가타케 전투의 승리를 축하하며
차 항아리, 찰 한쌍, 말 한 필을 선물로 보내었다.

히데요시가 노부나가의 아들 노부오에게 세 중신重臣을
인질로 보낼 것을 요구하자
노부오는 사자로 다녀온 세 중신들을 첩자라고 몰아 죽였다.

히데요시는 이 사실을 알고 거짓에 속아
자신의 수족을 잘라버린 노부오를 내심 비웃고 있었다.
히데요시는 이미 노부오와 전투를 위한 명령을 내리었다.

노부오는 이에야스와 화친을 맺고, 키요스 성에서
군사 대책회의를 열었다. 첫 전투는 이에야스에게 결코
유리하지 않았다. 히데요시 측의 이케다 쇼뉴가
이누야마 성을 먼저 점령하였기 때문이다.

이에야스 군사는 이누야마 성의 하구로를 반격하였고
이케다 군사들이 패주하여 성으로 후퇴하고 말았다.
히데요시는 이에야스가 노부오와의 정의 때문에
그의 간청으로 군사를 움직이고 있는 것으로 생각

이번에야말로 히데요시는 병력을 크게 위력을 발휘시켜야
할 때라고 판단, 총 8만의 대군을 이끌고 오사카를 떠나
이케다 쇼뉴를 지원하기 위해 기후 성에 도착했다.

이케다 쇼뉴는 히데요시의 조카인 히데츠구를 총 대장으로 삼아
미카와를 공격하겠다고, 히데요시에게 건의하였다.
히데츠구는 19살의 젊은 나이에 전투 경험이 별로 없었다.

이케다는 히데츠구에게 공을 세워주려는 뜻에서
이케다 군은 이와시키 성을 공격하였다.
히데츠구는 총대장으로서 후방에서 대기하고 있었는데
적은 항상 전방에만 있는 것이 아니었다.

이에야스 군이 후방의 히데츠구 군사들에게 새벽 기습을 감행
이에야스 군의 선봉대가 히데츠구 군을 교란시켜 혼란에 빠뜨렸다.
히데츠구의 측근 무사들은 그를 보호하려고, 퇴각하느라 아우성

하쿠산린에서는 승리, 히가네에서는 패하여

양군의 형세는 앞을 예측할 수 없는 난전亂戰
히데요시의 총애를 받는 히데츠구. 그는 전투에 익숙하지 못해
보호하는 임무도 이케다에게 큰 부담

히데츠구를 포기하고, 이케다 군사들이 이에야스군과
대치하였더라면, 전투는 유리한 국면
전황은 이에야스에게 원하는 방향으로 전개
이케다 군의 한 측인 모리의 군사들이 완전히 붕괴

이에야스 직속 부대의 공격이 한꺼번에 이케다군에게 집중
더욱이 이케다 쇼뉴는 발의 통증이 심하여, 보행이 불편하였고
전투를 지휘하다가, 밀려오는 이에야스 군사들과 접전 중에
장렬하게 전사하였다.

그 무렵 히데요시는 류센 사로 철수하여, 이에야스가 있는
오바타 성을 공격하기 위한 작전 회의를 열었다.
오바타 성에 머물던 이에야스의 측근이 물었다.

"내일 새벽에 히데요시의 4만 대군이 공격해오면
어떻게 대비하실 건지요?" 이에야스는 대수롭지 않은 듯 말하였다.
"걱정하지 마라. 전투는 벌어지지 않을 테니까."

"내일 아침까지 여기 있지 않아. 오늘밤 자시(오전 1시)에

달이 뜨기를 기다렸다가 철수할 것이다.
아무리 히데요시라도 상대가 없으면 어떻게 싸우겠나…"

적과 싸워 이길 승산이 없으면 지는 싸움은 피해야 함이
병법의 기본이다. 이에야스는 노부오와의
의리를 지키기 위해 출병했을 따름이었다.

노부오가 히데요시와 화의를 맺으면서, 이에야스 군도
더 이상 싸울 명분이 없으므로 신속히 철수하였다.
이로써 양군은 휴전 상태에 들어갔다.

전투로 낮과 밤을 지새우는
지아비가 이기면 다행이련만…

뜻하지 않게 죽은 목숨으로 돌아오면
여인의 마음에 내린 서리를 어찌할꼬.

아내가 아닌 어머니

이에야스의 사자使者인 카즈마사가 당면한 문제는
히데요시가 요구한 인질, 이에야스의 아들 한 명과 카즈마사와
사쿠자에몬 두 중신의 아들을 딸려, 오사카에 보내라고 제의
이에야스의 가신들은 승리한 우리에게
인질을 보내라는 제의에 모두 분노

반발에 직면한 히데요시는 아량을 베풀어
이에야스의 아들을 자신의 양자로 삼겠다고 수정 제의
이에야스의 아들을 양자로 키우면서, 두 가문이 힘을 합쳐
천하 통일을 앞당기고 싶다. 양자의 오른 팔이 될
두 중신의 아들을 함께 보내라고

이에야스는 아들 오기마루를 데리고 직접
오사카로 가겠다고 통보했다. 오기마루 일행이 성을 출발하는 날
이에야스는 병을 핑계로 카즈마사가 대신 인솔해갔다.
히데요시는 이에야스를 오사카 성으로 부를 방법을 고심하였다.

자신의 여동생 아사히히메를 이에야스에게
시집 보내겠다는 의사를 카즈마사를 통해 전하였다.
아사히히메의 나이는 43살로, 당시 40대 여인은 손자를 보아
할머니로 취급받던 시대, 그녀의 남편은 이혼을 예측하고,
자결 하였다.

44살의 이에야스에게 정실 부인으로 보내려는 대담한 제안에

아사히히메도 반대하였고, 이에야스도 불결하다고 여겼다.
오직 히데요시는 두 사람이 처남 매부 사이가 되면
오사카 방문은 자연스런 인사 치례가 될 것이라는 뻔뻔한 생각

카즈마사는 이에야스에게 정실로 맞아들였다고 반드시
총애하여야 할 필요가 없으니, 인질로 잡는다는 생각으로
과감히 받아들일 것을 권유. 이에야스는 여동생을 미끼로
자신을 오사카로 유인하여, 자신의 목숨을 노린다는 의심?

한편 지금 히데요시와 제휴하면 전쟁을 피할 수 있고
히데요시가 죽으면 천하는 이에야스가 차지할 거라고
카즈마사는 설득하였다. 이에야스는 심한 고열로 헛소리를 하는
중병에 걸려, 한동안 병석에서 일어나지 못하고 있었다.

중병에서 깨어난 이에야스는 사람이 달라져보였다.
"이제부터 히데요시도 없고, 이에야스도 없네.
좀더 높은 곳에 마음을 두고, 사물을 판단하는 사람이 되고 싶어.
히데요시가 내 뜻에 합당한 인물이라면 그 혼담, 받아들여도 좋아"

히데요시에게는 그의 계산이 있고, 이에야스에게도
그의 계산이 있었다. 이 시대는 강한 것만이 무장이 아니라
뛰어난 정치·외교적 수단이 필요하다.
아사히히메가 시집가기 전날, 히데요시는 그녀에게 당부하였다.

"이에야스에게는 나가마츠마루라는 귀여운 셋째 아들이 있어
그 아이가 가문을 이어받을 거야. 네가 가면 곧 그 아이를
양자로 삼도록 하여라. 단지 정실이 되는 것으로는 부족해
상속자의 어머니가 되어야 해"

아사히히메가 시집온 지 4개월이 지났을 무렵, 히데요시의 사자들이
성을 방문하였다. 칸파쿠 히데요시는 어머니 오만도코로가 여동생이
보고 싶어 방문할 예정이고, 이에야스는 쿄토 상경을 서둘러 달라고
재촉해왔다.

이는 히데요시의 책략이라며, 가신들은 반발
이에야스는 더이상 상경을 미룰 수 없다고 생각되어 결단을 내렸다.
"칸파쿠의 매부가 상경하는 것일세. 그에 어울리게
2만 명 이상의 대군을 거느리고 당당하게 떠날 것이네"

고작 2, 3백 명의 수행원이라면 몰라도, 대군을 이끌고
상경하면 섣불리 손댈 수는 없을 터였다.
히데요시의 어머니가 오카자키 성에 도착하였고, 이에야스가
장모를 뵙자, 그녀는 기뻐하며 상기된 얼굴로 주위를 둘러보았다.

이에야스는 예정대로 20일 이른 아침에 대군을 거느리고
상경길에 올랐다. 이에야스는 쿄토에 도착하였고
이곳에서 히데요시가 환영 연회를 베풀었다.
술자리는 처남, 매부 간의 화기애애한 분위기였다.

이에야스는 예정대로 27일 오사카로 가서
정식으로 히데요시와 다시 대면하였다.
아사히 마님은 시녀들을 데리고 성을 나섰다.
하마마츠 성에서 슨푸로 옮겨와 맞이하는 첫번째 가을이었다.

아사히의 양자가 된 나가마츠마루가 관례를 올리고
히데타다라는 이름으로 개명하였다. 이에야스 가문의 대를 이을
히데타다는 착실하고, 예의 바른 아이여서
아침마다 내전에 들러 아사히에게 문안을 드렸다.

어느 사이 아사히에게는 가장 친밀한 사이, 남자로서는
지나치게 하얀 손을 가지런히 하고, 판에 박은 듯이 똑같은 인사
"어머님, 간밤에 안녕히 주무셨는지요?"
인간은 누군가를 사랑하지 않고는 살 수 없는 슬픈 운명
그 대상이 남편이건, 자식이건, 형제이건

황제黃帝의 신하 화적이란 병졸
어느 날 정원에 있는
연못을 바라보니
때는 마침 가을도 저물어
찬 바람에 흩날리는 버들잎 하나 떠 있어…

땅으로 돌아가는 자

히데요시가 시고쿠, 큐슈 등 일본 전국을 통일
이에야스와의 화친을 통하여 정치적 안정을 확보
외부적으로 안정되었으나, 내부적으로 형제·인척·여자들 간의
갈등이 싹트고 있었다.

히데요시는 또다른 국면 전환을 꾀하고 있었다.
토지를 몰수당하거나, 빼앗긴 자들의 일부 불만, 전란으로
몰락한 다이묘와 실업자가 된 무사들
다시 전쟁이 벌어지길 원하는 자들도 많아졌다.

히데요시는 전국을 통일한 위세로 조선 침략과
명나라 정벌로 위기를 타개하려는 과대망상
일본 무역의 중심 도시인 사카이(오사카 부근) 상인들은
대외 무역으로 부富를 축적하였고

왜구들이 노략질한 물품들의 거래로 장사는 활기를 띠었다.
경제적으로 윤택해지자, 사카이는 문화·경제의 중심지로서
다도茶道를 즐겼다.

사카이 상인들은 유럽에서 화승총을 수입하여, 신식 무기로
무장한 노부나가의 전투 승리에 크게 기여하였으나,
상인들은 전쟁보다 항상 이익 추구가 우선이었다.

차茶를 수행의 경지로 끌어올린 센노 리큐千 利休는
소에키라는 법명을 가진 승려, 그는 사카이의 다도 문화를
이끄는 최고의 달인 노부나가와 히데요시의 다도 스승

그는 간소하고 차분한 '와비'라는 다도 개념을 정립
작은 다다미 2장 짜리 작은 다실에 작은 족자 하나
꽃 한송이를 꽂은 꽃병 외에는 아무 장식을 하지 않았다.

당시 차잎을 갈아서 마시던 관습에서 벗어나
차를 끓여 마시는 다도를 절제와 미美 의식 추구
맑은 정신과 안정감을 유지하는 의식으로 집대성
히데요시도 다도를 애호하여 리큐와 가끔 담소

큐슈 정벌을 마친 히데요시는
이를 기념하기 위하여 기타노 숲에서
전국 다인茶人과 서민들도 참석하는 성대한 다회茶會를 열어
축제 분위기를 고조

천하 통일의 성과를 과시하면서 전란으로 지친
서민과 무사들의 마음을 안정시키려고
다도를 이용한 융화 정책, 80년대 우리의 국풍國風…

히데요시가 무력으로 해외에 진출하려는

첫 무대가 조선 침략
이에 찬동하는 자들과 반대하는 자들로 갈라져 있었다.

병력 출동으로 인한 막대한 비용을 감수해야 하는 이에야스를
비롯한 일부 영주들의 반대, 리큐를 비롯한 다도인들도
자신들의 이상인 균형과 평화의 미학에 맞지 않는다고 반대

조선과 무역을 독점하던 쓰시마對馬島 영주 소씨宗氏도 반대하였으나
가토加藤처럼 해외 영토에 관심있어 찬동하는 자와
고니시小西처럼 중립적인 자들도 있었다.

히데요시가 조선 침략을 위한 총 동원령을 내리기 전에
일대 광풍狂風이 몰아쳤다. 출병을 반대하는 자들에 대한
일대 소탕 작전, 먼저 다도인 리큐를 겨냥하였다.

사카이의 다도 스승인 리큐에게 히데요시의 할복 명령이 떨어졌다.
죄목은 절에 자신의 목상木像을 걸어두어 내방객에게
절하도록 한 점, 자신이 만든 차 도구를 비싸게 팔았다는 점

리큐가 조선 침략에 반대한 가장 큰 이유는, 자신의 딸을
히데요시에게 보내는 것을 거절하였다는 풍문들이 떠돌아 다녔는데
리큐가 조선 침략을 반대한 이유는 조선인의 후예라는 증언

경상남도 천씨千氏 종가의 족보에는 리큐千利休와 아버지,
조부의 이름이 실제로 실려있고,
리큐는 고향의 뿌리를 잊지 않고 살았다고…
조선 침략을 결심한 히데요시가 동원령을 내리자
이키와 쓰시마에는 16만 대군이 집결
1592년 4월 12일 제1군은 고니시 유키나가小西 行長
소 요시토모宗義智의 지휘로 출발

다음날 부산포를 공격, 왜군은 다대포를 함락시키고
동래성으로 진격, 히데요시는 나고야에 총 사령부를 두고
가토의 제2군과 구로다의 제3군도 계속 상륙

제1군과 제2군은 파죽지세로 북상, 불과 20일만에 한양을 함락
제1군 고니시와 제2군 가토는 서로 공적을 세우려고 경쟁
전략적 측면에서도 서로 갈등은 깊어지고

한양에서 고니시는 평양 방면으로 갔고
제2군 가토는 함경도 쪽으로 갈라졌다. 평양성이 점령되자
선조는 의주 피난지에서 명나라 지원병 파견을 재촉

명나라 이여송이 이끄는 명나라 군사들의 지원으로
조·명 연합군은 평양성을 탈환, 한양을 향해 남하하다가
벽제관에서 왜군의 기습으로 다시 패배

연합군은 개성으로 후퇴하였고
해전에서 승리하던 이순신은 왜군의 모략에 넘어가서
조정에서 이순신의 직위를 박탈하였다.

명나라와 왜군은 화의 협상에 들어갔으나
서로 의견 차이가 심하여 타결되지 않고…
요즘 히데요시는 병으로 기력을 잃고
사리 판단도 옳지 않을 정도로 악화되었다.

히데요시는 요도 부인과의 사이에 어린 아들 히데요리를 두었는데
히데요시는 병상에서 어린 자식을 위해 정치적 권한은
이에야스에게, 자식의 후견인은 마에다에게 일임한다는 당부

히데요시는 명나라 사신 심유경이 히데요시를
일본 국왕에 봉封하고, 황제의 딸을 천황에 바친다는
약속을 어겼다고 불같이 화를 내었고
고니시와 심유경 간의 협상이 결렬되었다.

고니시가 국서國書를 위조하여 히데요시에게
거짓 보고한 것이 탄로나고, 이에 놀라 심유경은
중국으로 도망쳤고, 고니시는 위기에 직면하였다.

히데요시는 천하를 통일한 자신에게 일본 왕으로 책봉한다는

칙명에 크게 반발하였고, 협상은 결렬되었다며
조선 출병을 재차 명하였다.
총 14만여 명 군사를 출동시킨 정유재란丁酉再亂이었다.

조선에서 왜군이 고전을 면치 못하자
고니시, 가토, 시마즈 군사들만 남기고
모두 철수하라고 히데요시가 명하였다.

삶을 가진 자는 누구든지 땅으로 돌아간다.
히데요시는 식음을 전폐할 정도로 병이 깊어졌고
며칠 후 세상을 떠났다. 그의 측근들은 사망 소식을 숨기고
유언으로 남긴 조선에서의 병력 철수를 실행에 옮겼다.

히데요시를 측근에서 보좌하며 실세였던 미쓰나리는
히데요시를 빙자하여 권한을 독점하려는 욕망
전쟁에 참여한 무인들과 갈등이 잠재해 있었다.

새로 이름을 바꾸어 지은 심설산深雪山
묻혔던 꽃들도 다시 피는구나

떠나기 아쉽구나. 심설산의 해질녘
그 꽃의 모습 언젠들 잊으리오
그립던 눈덮인 산의 꽃이 오늘에야 만발하니
즐기며 지내고 싶구나. 수많은 봄을

살아있는 증거

가토가 함경도까지 북진하였을 때, 그곳에서 임해군 등
조선의 두 왕자를 토착민의 밀고를 받고, 포로로 잡았다.
의병장 사명대사가 왕자를 구출하려 가토를 찾아갔다.
가토는 불심이 깊은 자로서, 후에 히데요시와 협의하여
두 왕자를 풀어주었다.

사명 대사는 육척 장신에 기골이 장대한 가토는
고구려 유민遺民의 후예라고 실토했다는 증언
조선의 질 좋은 도자기를 좋아한 왜군은 도공들을 끌고 가서
규슈의 도공 마을에서 도자기를 만들어 외국에 수출하였다.

심수관, 이삼평 등은 사츠마, 가라쓰唐津에 정착해
귀화하지 않은 조선인으로서, 도자기의 대표 상품인
'이도 다완'을 만들었다. 도공들은 무사의 지위를 얻어
윤택한 생활을 누렸고, 도공들이 만든 도자기 어딘가에
고향을 그리워하는 시詩를 적어 넣었다.

조선에서 유교 경전 등 전적典籍들을 대거 약탈
도쿠가와 막부의 정치 지침서로 삼았고
퇴계 사상 연구에 열을 올렸다. 왜군이 재출전하였으나 (정유재란)
고니시의 제1군은 순천에서, 가토의 제2군은 울산에서
조·명 연합군에게 포위되어 고전을 거듭하였다.

히데요시의 사망으로 그해 12월
왜군은 조선에서 군사들을 완전히 철수하였다.
히데요시를 측근에서 보좌하며 정무를 담당하던
이시다 미쓰나리石田 三成의 권한이 커지고, 횡포가 심해졌다.
일부 참전 무인들과 미쓰나리의 갈등은 폭발 직전이었다.

가토 기요마사, 후쿠시마 등 무골 장수들과
미쓰나리, 고니시 등 문치파들은 울산성 전투와
강화 교섭 과정을 거치면서 반감이 더욱 심해졌다.
미쓰나리와 대립하던 가토, 후쿠시마, 구로다 등은
오사카 성에서 미쓰나리를 습격하였다.

미쓰나리는 가게카쓰의 도움으로, 후시미 성으로 탈출
이에야스의 중재로 미쓰나리는 봉행의 지위에서 물러나
사와야마 성에서 은거하게 되었다. 미쓰나리가 쫓겨나자
이에야스는 오사카로 와서 문치파를 추방하고
정권의 주도권을 장악하였다.

이에 반발하는 가게카쓰가 모반을 일으키자
이에야스는 군사를 이끌고 아이즈 정벌에 나섰다.
이 틈을 이용하여 사와야마 성의 미쓰나리는 오타니 등과 함께
군사를 동원하여 오사카 성을 점령하였다.
미쓰나리는 이에야스의 가신이 지키던 후시미 성도 빼앗았다.

미쓰나리는 이세, 미노 방면으로 세력을 넓혀갔다.
이에야스는 아이즈 정벌을 중단하고, 오야마 성에서
가토, 후쿠시마 등을 포섭하여 동군東軍을 결성
미쓰나리는 동군의 부대를 기습하여 승리를 거두면서
세키가하라로 이동하여 동군과의 결전에 대비

10월 21일 이에야스의 동군 10만 명과 미쓰나리의 서군 8만 명이
세키가하라에서 결전을 벌였다. 전투 초기에는 높은 곳에
진을 치고 있는 서군이 유리했으나
서군의 고바야카와, 와키자카 등이 배신하면서
서군의 주력인 오타니 부대가 괴멸되었다.

전투는 하루만에 동군의 압도적인 승리로 끝났다.
패주하던 미쓰나리는 동군의 군사에게 잡혀 끌려왔고, 그는
고니시, 안코쿠지 등과 함께 쿄토 로쿠죠 강변에서 처형되었다.
임진 왜란에 참전한 장수들의 희비가 엇갈린 사건이었다.

오사카로 입성한 이에야스는 정이 대장군의 지위에 올랐고
그의 본거지인 에도에 막부 정권을 세웠다.
동쪽의 작은 도시에 불과했던 에도는 오늘날의 도쿄로서
막부 정치로 정치·경제·문화의 중심지가 되었다.

당시 일본의 실력자들인 이마가와, 신겐, 노부나가, 히데요시 등은

천황의 거주지인 교토로 진출하여 권력을 잡으려는
목표를 세웠었다. 그들은 교토 인근에 있는
나고야, 오사카 등지에 큰 성을 쌓아 무력을 과시하였으나
오래 가지 못하고 실패하였다.

이에야스는 발상의 전환으로 교토에서 동쪽 멀리 있는
에도에 막부를 세우고, 힘이 뒷받침되는 군사력으로
각지의 실력있는 다이묘들의 자식들을 인질로 잡고
전국을 지배하는 막부 정치를 펼쳤다.

도요토미 일가인 히데요리도 다이묘 가운데 하나로 지위가 몰락
히데요시와 아들 히데요리의 생모 요도 부인은 자식에 대한 애착
어린 히데요리가 16살이 되면, 요도 부인은 천하가 다시
도요토미 가문으로 돌아 올 것이라고 믿고 있는 것일까?

천하를 지배할 힘을 갖춘 이에야스와 요도 부인의 차이는
"한 쪽은 큰 꿈, 한 쪽은 사소한 신변 문제" 요도 부인은 이에야스의
시정 문제에 사사건건 반대, 가문 간의 세력 균형이 무너지면
한 가문은 멸망의 길을 가는 것이 뻔한 이치이다.

여자로서 무력의 힘이 뒷받침 되지 않는 요도 부인의
자식 사랑만으로 천하를 얻기는 어려운 것
그때 이에야스는 은퇴를 생각하고 있었다.

제4부 대망大望

이에야스는 쇼군 직을 아들 히데타다에게 물려주고
히데요리에게는 우대신右大臣 직을 천거하였다.

이에야스는 제2선인 오고쇼로 물러나서 배후 조정을 하며
여생을 보낼 생각이었다. 요도 부인은 히데요리가 쇼군 직을 이어받지
못한 것을 서운해 하였으나, 히데요리는 전투 경험과 지략이 부족
직책을 감당할 만한 그릇은 아니었다.

일곱 살난 계집애가 깜찍한 말을 했네
사내가 그립다고 노래했네
아니, 이 아이는 어느 누구의 딸이기에…

협죽도島와 헤어지기 서러워
헤어지기 서러워
거룻배에 실어 데려가야 하리
칸자키 마을로, 칸지키 마을로

천해 일여 天海 一如

이에야스가 일본 전국을 다스리기 위하여
에도에 막부를 세우려고 준비하고 있을 즈음
승려인 덴까이天海라는 고승高僧이 찾아왔다.
"신神은 있는 그대로의 대자연
도道는 그 자연의 불가사의한 작용

자연의 조화를 지혜의 열매로 주워 올려 보인 것
뿌리는 하나라도 꽃에서 천 가지 차이가 생기는 이치를
단단히 터득하시어, 각자에게 각자의 꽃을 보람차게 피워 주려고
하시는 그런 마음 가짐이 없으시다면…
천하는 다스려지지 않습니다. 아실 수 있겠지요?

지금 세상이 얼마나 이 진리와 역행하고 있는가를
지혜있는 자는 어리석은 자를 속이고
부자는 가난한 자를 학대하고, 강자는 약자를 짓밟아 버리고
남은 것은 이제 모두 원한뿐이 아닙니까?

원한의 뿌리에서는 무엇이 생기고
어떤 난세가 올 것인가는 싫증나게 체험하시지 않았습니까?"
이에야스는 스님의 무례하고, 꾸짖는 말투가 방자해보였으나
이상하게 화는 나지 않고 상대의 마음이
자신에게 그대로 스며들었다.

고지식하나 거친 사람, 지혜와 계략은 있으나
마음이 안 놓이는 자, 성실한 자, 경박한 자…

아뭏튼 사람과 사람과의 관계는
처음에 어디선가 부딪치는 것이 없으면
그 교분은 한평생을 두고 계속할 수가 없다.

"과연 그렇겠군…" 이에야스는 허심탄회한 심정으로
"히데요시도 주변의 만류를 듣고 조선 출병을 하지 않았더라면,
비참한 최후를 맞지 않았을 텐데…"라고 생각해보았다.
뎬까이 스님은 다시 말을 이었다.

"앞으로 닥쳐올 난제들을 모두 방해물로 생각해서
악을 부수고 정의를 세운다고 매번 전쟁을 해선 안됩니다.
가장 소중한 것은 이 나라의 평화…"
이에야스는 젊은 스님에게서
어느샌가 맑은 깨달음을 얻는 기분이 스며들었다.

재물욕, 권력욕, 성욕과 같은 갖가지 욕심
노부나가, 미츠히데, 히데요시, 미츠나리…
천하 통일에 대한 욕심으로 성공했더라도
그들의 종말終末은 어떠했던가?
인간의 욕심은 하늘이 용서하지 않는다.

천하인의 마음 가짐
남의 몰락을 바라는 마음도 아니고
상대의 불행을 기뻐하지도 말고
올바른 길을 가는데 하늘의 도움이 있다.

천명天命과 운명運命

노부나가의 천하포무天下 布武라는 무인 시대
히데요시의 군국시대軍國 時代, 이에야스는 유교儒敎로써
교학敎學의 근본을 삼은 평화로운 봉건 국가
인물과 시대에 따라 세상은 변화되어간다.

세 사람은 모두 전쟁을 종식終息시키고
천하 통일만이 국민들의 평안을 확보한다는 같은 생각
요시모토, 신켄, 노부나가, 히데요시도 슬픈 시대
가엾은 망령일 뿐이라 생각한 이에야스, 에도(도쿄)에
막부를 세우고 천하의 지배를 꾀하였다.

부득이하게 죽인 무수한 적들과 아무 의미도 없이 죽어간
많은 백성들은 가여운 시대의 희생자들
집권한 이에야스는 대규모 공사로 더욱 강성해지고
그 비용을 부담하는 전국의 다이묘들은 훨씬 궁핍
강성한 군사력이 바로 절대적 정치권력이란 깨우침

이에야스의 손녀가 히데요시의 아들 히데요리와 혼인하여
두 집안은 인척 관계였는데 아직도 히데요시를 추종하는
세력들인 천주교 신도들이 히데요리를 등에 업고
폭동을 일으킨다는 소문, 히데요리는 오사카 성의 장식품에 불과하였고

사실은 요도 부인이 오사카 성의 실세 주인공
히데요리가 소요와 폭동에 휩쓸리면
자칫 모반으로 다스려지는 것은 뻔한 일
더욱이 요도 부인은 자기 감정을 스스로 제어할 수 없는
여자의 한계가 있다. 세상에선 이런 경향을 여성의 생리적 현상

히데요리가 복원하여 달아놓은 호코사寺 법종의 글귀가
문제를 촉발시켰다. '국가안강國家安康'이라고 새겨진 글자는
이에야스家康를 비방하려는 의도라며
아들인 쇼군 히데타다가 해명을 요구하였다.

이에 겁을 먹고, 요도 부인은 히데요리에게 이에야스 집권 이후
쫓겨난 낭인浪人 9만 명을 오사카 성으로 끌어들였다.
쇼군 히데타다는 숫적으로 훨씬 우세한 군사력으로
사위 히데요리가 지키는 오사카성을 공격

공격을 받고 불리해진 히데요리는 성 밖에 멀리 파놓은
해자를 메꾸고, 방책의 외부 방어 시설을 부수는 조건으로
이에야스의 휴전 제안을 수락, 이에야스 측에서는 히데요리가
막부의 요구에 순응하면, 목숨과 영지는 보장해주겠다고 약속

히데요리는 성내의 낭인들을 통제하지 못하였다. 쇼군 히데타다는
성을 다시 공격하였고, 이에야스는 히데요리, 손녀 센히메,
요도 부인을 살릴 목적으로 오사카 성의 정문 사쿠라몬으로 향했다.

전투 상황은 지휘부에 신속히 보고되지 않는 시대였다.
성안 창고에 숨어있던 히데요리 측에서는 밖으로 나갈
가마 3대를 요구하였다. 히데타다의 부하들은 빈정거리며
가마 1대만을 보냈고, 나머지는 걸어서 나와 항복하라는
고압적 자세에 요도 부인은 자존심이 상하였다.

히데요리의 부인이 된 이에야스의 손녀 센히메만이 가마를 타고
혼자 성밖으로 나왔다. 히데타다 군사들이 히데요리에게
빨리 나와 항복하라고 재촉하며, 총포를 간간이 발사하였다.
주위에는 숨막히는 정적만이 흐르고 있었다.

잠시 뒤 창고 안에서 히데요리, 요도 부인 측근들이 자결한 채
발견되었다. 히데요시의 잔당들이 모두 소탕되고, 천하는
이에야스의 손으로 완전히 넘어 왔다. 외부의 적이 사라지면
내부의 적이 어딘가에서 다시 꿈틀거린다.

이에야스의 아들 타다테루가 전략적 요충지인
오사카 성을 달라고 조르고, 그의 장인 다테 마사무네와
힘을 합쳐 천하를 쟁취하려는 야심을 가졌음이 감지되었다.
이는 앞으로 쇼군 히데타다의 막부 정치에
커다란 장애물이 될 것으로 보였다.

이에야스는 타다테루가 저지른 세 가지 잘못을 지적
오사카 성 공격시 늦게 나타난 점, 늦게 참전하여 아군인

쇼군의 가신을 무단 살해한 점, 이에야스 입궐시
고기잡이를 핑계로 동반하지 않은 점
아들 타다테루에게 이에야스는 영원한 대면 금지 통고

타다테루도 자결을 선택. 이에야스는 히데요리뿐 아니라
자식이라도 막부에 장애가 되면 가차없이 징벌한다는
다이묘들에 대한 경고, 천하를 정벌한 이에야스라도
세상일이 무엇 하나 마음대로 되는 것은 아니었다.

새로운 세상일지라도 방심하면, 하늘이 내리는 천벌
쟁반 위의 찻잔을 보면서, 찻잔이 자유롭게 움직일 때까지가 운명
운명은 사람의 의지로 개척할 수도… 찻잔이 쟁반 위에서 움직이다가
더 이상 움직일 수 없을 때 숙명宿命, 숙명 위에 천명이 있다.

찻잔, 쟁반, 차와 사람 등 모든 것을 만들어내는 하늘의 명령
사람의 힘으로는 어떻게 할 수 없는 천명을 깨달을 때, 비로소
자기를 살릴 수 있다. 세상을 살면서 불운한 숙명에 발버둥칠
필요없고, 하늘의 뜻을 깨달아 사람이 할 수 있는 일을 다한다.

이런 과정에서 참을성(인내)은 좋은 보약이 되고
많은 시행 착오를 줄여준다.
이에야스는 에도 막부를 260여 년간(1603~1868) 지속할 수 있도록
기틀을 다져놓고, 그는 슨푸에서 73세에 병으로 죽었다.

이에야스의 조상은 출신이 분명치 않은 떠돌이 승려였는데
미카와 지역에서 처가의 도움으로, 그 지방의 지배 세력으로
자리 잡았었다. 일본 전국의 곳곳에서는
조선에서 건너간 도래인渡來人들의 흔적들이 발견된다.

한반도에서 신라가 3국을 통일하자, 고구려, 백제 유민들은
전쟁을 경험한 무력의 소지자들, 그들 유민들은 집단적으로
일본에 이주하여 지배층을 형성한 세력이었고. 백제 시대엔
일본 천황까지도 그들의 후손이라며, 백제를 지원한 기록이 있다.

백제가 멸망하기 전에 천황이 군사를 지원한 기록
지리적으로 일본과 가까운 신라에서도 정권 다툼에서 소외된
무장한 세력들이 집단으로 이주, 어부들이 풍랑을 피해 정착
사신들이 일본에 억류되어 촌락을 형성하여
긍지를 가진 일본의 지배층이 된 기록

당대 일본의 최고 전략가이며, 코후 성주 타케타 신겐武田 信玄의
조상 이름은 신라 사부로新羅 三郞, 옛 조상이 신라에서 건너왔고
그때 가져온 갑옷을 입었으며, 장보고를 흠모하였다는 기록
이에야스도 신겐의 전략을 모방·응용했다는 얘기

혹자或者들은 이렇게 평評하기도 한다. 한반도 도래인의
일본 지배를 인정하지 않고, 독도를 그들의 영토라고

제4부 대망大望 183

억지 주장하거나, 오히려 임나 일본부의 가야 지배를 주장하는
역사의 왜곡은 의도적인 책략이라는 숨은 뜻

오다 노부나가의 거칠고 용맹한 성격은 고구려인의 기질과 비슷하고,
도요토미 히데요시가 재치와 유연성으로 사람을 조종하는 능력은
백제인을 닮았고, 도쿠가와 이에야스의 무뚝뚝, 의리와 고집은
신라인의 기질과 비슷하다고도…

한·중·일 3국은 지리적으로 인접한 탓에 사람들은 잦은
교류를 하였고, 외모가 어딘지 많이 닮았으나, 살아온 지역과
환경이 달라서 어딘지 다른 점도 발견되는 후천적 요인이라고

기시 노부스케, 사토 전수상과 기시 노부스케의 외손자인
아베 수상도 조선에서 건너간 도래인의 후손
그들은 부산에서 관부 연락선을 타고 가면
도착하는 가까운 야마구치山ㅁ현 출신들이다

이슬로 떨어지고 이슬로 사라지는
이 몸이거늘
나니와(오사카)의 영광은 꿈 속의 꿈…
세상은 틀림없는 인과의 수레바퀴
좋은 일 나쁜 일이 함께 돌아간다.

제5부

뿌리를 찾아서

비천 飛天

종이 울리면 그윽한 울림
극락에서 지상으로 내려오듯
하늘에 떠있는 신선飛天의 몸짓
엄마를 찾는 어린 아기 소리

구름 속에서 꽃비 쏟아져 내리고
청동 종鐘에 새겨지는 파문
무릎 꿇은 여인의 간절한 기도
울려퍼지는 에밀레, 에밀레, 에밀레…

벽화

평양에서 남동쪽으로 80km
들판 가운데 솟아있는 소나무 둔덕
사방이 온통 논으로 둘러싸인 곳
황해도 안악군 3호 고분

앞방과 널방玄室, 좌우 결방
널방 주변으로 통하는 회랑
벽면, 천장이 인물 풍속도로 가득한
고구려인의 '생활사 박물관'

그들의 살림살이를 보여주는 우물, 부엌,
마굿간, 외양간, 수레 차고
무덤 주인이 업무를 보던 정사도政事圖
사신 행렬이 펼쳐진다

이탈리아의 벽화에서는 젖은 회벽에
그림을 그리거나, 마른 벽면에 그림을
그렸다는데, 고구려인은 석벽에 그림을
그리지 않고, 독창적 기술을 구현

천오백 년을 넘도록 예전의 광채 그대로
높은 습도를 견딘 영롱한 색채
경이로움의 신비, 세계 어디에서도
볼 수 없는 독보적인 채색 문화

구리 거울 銅鏡

전면前面에 돛을 올린 배
파도를 넘어 나아가는 항해도航海圖
고려 시대 구리 거울의 힘찬 그림

중국과 일본을 왕래하던 교역품
고려·조선의 구리 거울, 도자기
구리 거울은 여인들이 아끼는 애장품

조선의 고립주의 외교
'은둔의 나라'에서
구리 거울의 해상도는 해외 교류의 흔적

삼국 시대 이래 해상 실크로드를 따라
중앙 아시아에서 아라비아까지 교류
서역의 유리 제품이 신라에서 발견되기도…

유럽 문화는 인도 간다라 미술을 거쳐
신라·고려의 정교한 불상, 고려 벽란도는
청자·인삼·예술품을 거래하던 국제 도시

일찍이 기원전 4세기 청동기 시대
잔줄무늬 구리 거울은 지름이 21cm
0.3mm 간격의 가는 선이 1만3천 개 그려졌다.

신안 무역선 貿易船

신안 앞 바다에서 고기를 잡던 어부
건져올린 물고기 아닌 청자 매병
잡으려던 물고기는 아니 나오고, 6점의 유물
낭패한 어부의 소문을 듣고 몰려든 도굴꾼

700년 전 큰 배가 침몰했다고 전해진 이 곳
1975년 8월에야 신안 무역선은 세상에 나와
중국 송대 도자기 2만 3,000여 점의 유물
다시 빛을 본 초대형 발굴

원나라에서 물건을 가득 실은 배
일본으로 가던 중 침몰한 무역선
선박과 유물이 함께 발견된
현존하는 송·원대 도자기의 80%

1323년 중국 닝보寧波에서 출발
일본 하카다와 교토로 향하다가 태풍을 만나
도자기·향료를 수송하던 배가 침몰
해상 실크 로드의 길목에는 신안이 있었다.

신안의 해저 유물 발견에 뒤이어서
완도 어두리(1983년), 태안 반도(1981년)
무안 도리포(1995년), 군산 비안도(2002년)
보령 원산도(2005년)에서도 발굴된 유물들

옛 기와瓦當

기와 지붕에서
날렵하게 뻗어내려오는
끝을 장식하는 수막새, 암막새

기와를 단순히 지붕을 이고
비를 막아주는
건축 자재에서 승화시킨 공예품

기와 장인들이 기와 표면에
새겨넣은 세계관은
소망의 문양

삼국시대의 질박, 강건
온화한 연잎 무늬
통일 이후 호화로워지는 추세

정교한 당초·보상화 무늬
디자인이 다양한
지붕 위에 꽃피운 종합 예술

'신라의 미소'로 알려진
흥륜사 터에서 나온
깨어진 기와 조각의 웃는 얼굴

한 폭의 산수화를 보여주는
백제의 산수 무늬 전돌
아름다운 형식미形飾美

조선 시대 선비들
기와는 민생구제와 이용후생
상징물로 보급이 확대

금석문이 다 나오자, 옛 기와
뒤 이으니, 인간 세상 아득하여
이 또한 옛 것일세.

잡동사니

추억으로 사라져가는 옛 것들
남들이 무심결에 흘려버린
쓸모없는 라면 봉지, 콜라병, 국민학교 때
쓰던 교과서, 중학생이 쓰던 모자
여학생이 입던 교복, 딱지와 태권 V 로봇··

첨단 과학으로 달려가는 시대
쓰다버린 것들을 모아서
다시 꺼내 보는 감회와 성취감
'특정 시대 역사'의 새로운 기억
첨단을 등지고 잡동사니를 모은다.

우리 땅에서 만들어지고 쓰여진 물품
사라지는 것에 대한 그리움
조악하고 하찮은 과거의 기록
세상은 이득되고 새로운 것을 찾는데
과거를 향해 시간 여행을 떠난다.

망우리 忘憂里

밝은 해 아래 어지러운 꽃바구니
한강물은 유유히 흘러 온갖 시름을 잊는
가난하고 이름없는 한많은 삶
만해, 소파, 위창, 시인 박인환을 비롯한
유명인들도 함께 누워있다.

북망산北邙山은 북쪽에 있는 공동 묘지
목동의 북망 언덕은 주택가로
환관들의 공동 묘지였던 진관외리
북망산은 뉴타운으로
망우리 북망산은 아직도 영혼의 휴식처

목숨 바쳐 일제에 저항했던 애국 지사들의
묘소들과 나란히 잠들어 있는 한 일본인…
꿈에라도 조선인이 되고 싶었던 일본인
조선의 온돌방, 소반, 도자기의 아름다움에
반한 아사카와 다쿠미(淺川 巧, 1891~1931)

소주

몽골이 한반도를 침략
아랍인들도 고려에 들어왔는데
막걸리와 함께 3대 토속주
소주도 이 때의 교류품

아랍인과 고려 여인의 사랑도 있었다.
고려 가요 '쌍화점'의 비밀 이야기
"쌍화 가게에 쌍화떡을 사러 가니,
아랍 사람이 내 손목을 쥐면서 희롱하더라.

이 소문이 상점 밖으로 퍼진다면
새끼 광대인 네가 퍼뜨린 줄 알리라."
기원전 3천 년쯤 메소포타미아 수메르
'신의 선물인 증류주가 만들어졌고

몽골군이 압바스 왕조를 공략한 후
'아라끄'란 술의 양조법을 배웠고
가죽 술통에 넣고 다니면서 마셨다.
한반도에 주둔한 몽골군이 마시던 술

일본 원정의 주둔지인 개성, 안동, 제주도
술을 처음으로 빚기 시작한 지역으로
세 번 고아내린 증류주인 소주
아직도 개성에서는 아락주라고 부른다.

김치

날씨가 추워지면 겨우내 먹을 반찬으로
거의 모든 가정에서 담가 먹는 저장 식품

소금과 젖산균이 좋은 균은 키우고, 나쁜
균은 없애서, 많이 담가도 상하지 않는다.

맛깔스러운 비밀은 소금, 고춧가루, 마늘,
젓갈 등 양념이 어우러져 발효된 시큼함

봄에는 푸성귀로 절인 햇김치, 여름엔
꽁보리밥에 비벼먹는 열무 김치, 오이 김치

가을엔 깻잎 김치, 콩잎 김치, 갓물 김치
지역에 따라 다른 젓갈과 담백함의 차이

200년 전前 고추가 없었던 때는 백김치
자주색 갓이나 맨드라미로 붉게 했다.

겨울철에 채소를 먹기 위한 김장 문화는
유네스코 인류 문화 유산이 된 지혜

채소에 식이 섬유가 많아 혈관 건강
기능 조절, 미용에 좋아 예뻐진다고…

천재가 된 제롬

기억력 분야 세계 기록 보유자
기네스 북에 오른 에란 카츠
500자리의 숫자를 한 번 듣고
외우는 기록

기억력은 상상력이고
상황으로 기억한다.
유대인들은 혈통적으로 똑똑한 게 아니라
대대로 내려오는 상상력 훈련법 때문

상상력이 없으면
공부는 학교에서만 하지만
공부는 영원히
모든 곳에서 할 수 있다.

갇혀있는 상태에서 하는 공부
기쁨으로 다가오지 않고
오히려 상상력을 제한한다.
상상력이 바로 기억력

기쁜 마음으로 움직여
얻은 지식이 내 것이오
여행에서 보고 들은 것은
잘 잊혀지지 않는다.

화가 난 상태에서는
어리석은 판단을 하게 되고
걱정과 불안은
두뇌의 적敵이니 벗어나라!

정보는 아무리 천재라도
손으로 써서 기록하는 습관을
주제를 연대순이나 그룹별로 정리하는
습관이 두뇌 능력을 키운다.

쓰는 습관을 들여라.
눈으로 보면 오래 기억한다.
유대인 학습의 대부분은 대화로 하고
듣기만 해서는 내 것이 되지 않는다.

대화는 농담이라도
흥미와 정리하는 능력을 준다.
안정되지 않고 긴장된 순간에
오히려 두뇌는 활성화

유대인 못지 않은 기억력을 가진 민족
사서 삼경을 어려서부터 외우고
교육열이 강했던 어머니들
기억력은 자기 삶의 주인

자녀를 위한 기도

주여! 아이들을 이해하고
아이들의 말을 끝까지 들어주고
묻는 말에 일일히 친절하게
대답해주도록 도와주소서.

맥아더의 어머니 핑키는 아들이 입학
시험을 앞두고 잠 못이루어 할 때에나
사관 학교 시절 학교 근처에 투숙하며
아들을 위해 간절히 기도하였다.

아이들이 저지른 잘못에 대해
비웃거나 창피를 주지 않게 하소서
마음속에 비열함을 없애주시고
잔소리를 하지 않게 하여 주옵소서

맥아더는 스코틀랜드에서 이민 온
군인 가정에서 1880년 출생
1903년 임관, 참모 총장을 역임하고
1937년(57세) 대장으로 퇴역

맥아더 장군의 어머니는 아들에게
'자신이 운명'의 도구라는 믿음과
숙명적인 역할을 다할 때까지
신의 보호를 받으리라고 기도하였다.

주여! 제게 이런 자녀를 주소서
약할 때에 자기를 돌아볼 줄 아는 여유
두려울 때에 자신을 잃지 않는 대담성
정직한 패배에 부끄러워하지 않고 태연하며

승리에 겸손하고 온유한 자녀를 제게 주소서
생각해야 할 때 고집을 세우지 말게 하시고
자신을 아는 것이 지식의 기초, 제 자식을
평탄하고 안이한 길로 인도하지 마시고

고난과 도전에 분투하고 항거할 줄
알게 하시옵고
폭풍우 속에서 용감히 싸울 줄 알고
패자를 관용할 줄 알도록 가르쳐 주소서

제2차 세계대전 발발로 1941년(61세) 육군 대장으로
현역에 복귀, 1944년 원수 계급으로 승진
1950년(70세) 9월 인천 상륙 작전을 지휘
한국전쟁을 위기에서 구하였다.

맥아더는 자녀를 위해 항상 기도하였다.
그 마음이 깨끗하고, 그 목표가 높은 자녀
남을 정복하기 전에
자신을 다스릴 줄 알고

장래를 바라봄과 동시에
지난 날을 잊지 않으며
내 자녀들에게 유머를 알게 하시고
삶을 엄숙하게 살아감과 동시에

즐길 줄 알게 하소서
자기 자신에 지나치게 집착하지
말게 하시고
겸허한 마음을 갖게 하시어

참된 위대함은
소박한 마음에 있고
참된 지혜는
열린 마음에 있으며

참된 힘은
온유함에 있음을
명심하게 하소서
맥아더는 대통령과 의견 충돌로 1951년 해임

"노병은 죽지 않고, 다만 사라질 뿐이다."
52년 간의 군 생활을 마감했고
1964년 84세로 조용히 눈을 감았다.
Good _ Bye

그리하여 나 아버지는, 어느 날 내 인생을 헛되이
살지 않았노라고, 고백할 수 있도록 도와주시옵소서
Then I, his father, will dare to whisper,
"I have not lived in vain."

아이들을 위한 어머님들의 기도
교회, 성당, 절과 갓바위 등에서
진학, 취업, 결혼, 자손 번창, 건강
평생 동안 어머님들의 간절한 기도

아가에게

아가야!
태어날 때
금수저가 아니었더라도
결코 슬퍼할 일이 아니란다.

진실이 가려지고
거짓이 판을 치는
험난한 세상이라해도
살만한 가치는 너희들에게 있다.

너희들이 커서 10대가 되면
아픈 사춘기도 겪게 되겠지
이국異國에서 겪을 정체성正體性
숱한 고민과 좌절을 두려워하지 마라

마음의 수양은
욕심을 없애는 것
말은 행동을 돌아보고
행동은 말을 돌아보아야 한다.

정직하게 사는 사람들이
견디기 힘든 현실이라도
너희들도 시간이 흐르면
아픈 만큼 성장할 수 있고

잘 되려고 기를 쓰다보면
희생해야 할 것도 많이 있단다.
오직 해야 할 일은 인간의 정성
백번, 천번이라도 해야 할 일이다.

사랑하되 그 악함을 알고
미워하되 그 착함을 알며
듣기 좋은 말도 있으나
말로써 싸움이 되기도 한다.

허물을 고치는데
미루거나 인색하지 마라
습관은 성품을 이루고
어진 이는 어리석은 듯이 산다.

결과가 좋으려면
처음부터 잘해야 하고
꼭 이기려 한다면
싸우지 않고 이길 수도 있다.

언젠가 세상을 뒤돌아 봤을 때
가족들을 사랑하였고
우리 말을 잊지 않았으며
세상의 빛으로 남으려했다고 말해주렴…

뿌리를 찾아서

배달의 민족은 단군의 자손
'한 핏줄'을 자랑하는 순혈주의純血主義
근래 일자리를 찾아온 이방인들로 다문화
가정들이 점차 늘어가는 현상
저출산 사회에서 막을 수 없는 인구 유입

세계 어떤 나라에서도 찾아보기 힘든
유일한 족보 문화의 우수성을 간직한 민족
조상이 뿌리내린 고장이 본관本貫
유교 사회에서 출세하려면 조상을 내세워
충효忠孝의 가문家門임을 강조

고대로부터 선조들은 한반도로 이주
은나라 주왕의 폭정에 못이겨
조선으로 넘어온 기자箕子의 후손들은
한씨, 선우씨, 기씨가 되고, 함께 온
왕씨는 왕씨, 차씨, 류씨가 되었다고

조선에 동방 군자국을 건설하고
신라의 6촌에는 이씨, 정씨, 손씨, 최씨,
배씨, 설씨가 있었는데
북방 도래인으로 사람 아닌 알에서 태어난
박혁거세를 왕으로 추대하였고

바다에서 건너온 도래인 석탈해
왕의 배필로서 양자가 되어
왕위를 물려받았고
북방 기마 민족은 철제 무기로 무장하여
신라와 가야의 왕이 된 김씨의 후손들

삼한, 신라 시대에 중국에서 귀화하였다는
하씨, 문씨, 안씨, 남씨, 임씨林氏
송씨, 서씨, 유씨兪氏, 황씨…
고구려를 세운 고주몽의 후예와 유민들로
고씨, 강씨姜氏와 백제를 세운 온조

신라 미추왕 이후 집권한 김씨 왕조
가야를 먼저 흡수하게 되는데
낙동강 유역에 먼저 자리잡은 또 다른
북방 민족의 후예인 가야의 김수로 왕
아내가 된 인도에서 이주해온 미녀 허황옥

족보에 자신의 조상을 중국의 유력 인사로
올린 것은 사대주의적 미화라는 비판
신라가 끌어들인 당나라 군사들이 있었고
이즈음 귀화한 연안 이씨 등 족보상으로
신라 시대에 귀화한 성姓이 무려 40여 개

순수한 토착 성씨는 손에 꼽을 정도
중국 한나라가 두려워한 북방 기마 민족의
용맹한 후예가 있는가 하면
고려 시대에는 귀화가 더욱 성행
'오는 자는 거절하지 않는다來者不拒'는 원칙

백제, 고구려의 유민들과 신라 정권에서
소외된 사람들로 왕건을 도와서 바우, 홍술,
삼능산으로 불리다가, 고려의 개국 공신이 되어
사성賜姓되거나, 복성復姓되어 홍씨, 신씨,
배씨, 복씨, 조씨, 심씨, 윤씨, 차씨, 류씨…

몽골의 침략 전쟁과 지배로 고려의 왕실에
몽골 노국공주가 시집 오고, 수많은 고려 여인들은
중국으로 끌려갔다. 삼국 통일로 멸망한 고구려,
백제의 수많은 유민들도 마찬가지로
중국과 일본으로 망명을 떠났다.

베트남 왕족 출신 화산 이씨, 중국계로서
충주 매씨, 남양 제갈씨, 강릉 유씨劉氏
몽골계로 연안 인씨, 위구르계로 경주 설씨
아랍계로 덕수 장씨
고려 때 귀화한 성씨가 60여 개로 민족 대이동

태조 이성계를 도와 조선 개국에 공을 세운
여진족 퉁두란은 청해 이씨
임진왜란을 겪으며, 명나라에서 귀화한
명씨, 편씨, 가씨, 순씨 등과 일본인으로서 귀화한
우록 김씨, 후에 김해 김씨로 바꿨다.

조선 시대에 30여 개의 성씨가 귀화
일제 식민지하에서도 혼혈은 적지 않았다.
한국 전쟁을 치르고 나서 백인, 흑인
혼혈 2세들의 귀화로, 300여 개의 성씨 중
절반인 150여 개의 귀화한 성씨

조선은 3대에 걸쳐 과거 급제를 한 번이라도
하지 못하면, 평민으로 전락하는 시대
신분 유지가 어려웠던 시대에도
왕손들은 후궁의 후손들이 많아
자손들이 대대로 번창하였고

사육신이나 조광조 등이 모반으로 몰리어
살아남은 부녀자들은
종살이 신분으로 몰락하였고
신분 상승에 좌절한 소외된 계층은
중국, 일본으로 이민을 가기도 하였다.

양반이 상놈을 멸시하던 시대
퇴계와 남명 조식같은 학자들은
정승·판서 관직을 명예롭게 생각하지 않았고
자신의 묘비명에 관직명을 쓰지 말고
'처사處士 아무개'라고 당부하였다.

신라 김씨의 후손인 여진족 아골타가 세운 금金나라
그의 후손 누르하치도 후금(후에 청淸)을 세워
자신의 이름 애신각라愛新覺羅
후손에 전하는 신라의 혼魂이었으나, 그들은
조선에서 병자호란을 일으킨 역사적 아이러니…

근래에 일자리를 찾아온 이방인들로 다민족화
미국 등 넓은 세계로 떠나는 이민 가정들
전근대적 민족 갈등은 점차 무의미
다문화 가정의 확대와 융합으로 가는 추세
한민족의 긍지와 포용을 보여줄 때가 아닐까.

제6부

4서 5경 四書 五經

공자의 문답 問答

공자와 제자들이 묻고 대답한 언행의 기록
공자의 주요 사상인 '인仁'을 기술한 논어
백제의 왕인 박사는 논어를 일본에 전하였고
신라의 최치원도 당나라에서 논어 등
유학을 공부하여 과거에 급제하였다.

고려시대 안향, 이제현, 정몽주, 이색, 차원부
조선시대 퇴계 이황, 율곡 이이, 우암 송시열,
미수 허목, 사계 김장생은 정치인이며, 또한
유학자儒學者였고, 당시 논어는 국가의 기본 학문
선비들의 필수 과목

남이 나를 알아주지 않더라도 노여워하지
않는다면, 또한 군자가 아니겠는가.
군자는 그 근본에 힘써야하고, 근본이 서야
나아갈 길이 생기는 것이다.
허물이 있거든 고치기를 꺼리지 말아야한다.

덕으로써 정치를 하면, 마치 북극성이 제자리에
있어도 여러 별들이 이를 향해 돈다. 옛 것을
익히고 새 것을 알면, 능히 남의 스승이 될지니라.
공자는 '서恕'의 실천을 최고의 인仁이라 했다.
일을 신중히 하여 믿음을 얻어야 한다.

옳은 일을 보고도 행하지 않으면 용기가 없는 것이다.
예절은 사치하기 보다, 검소해야 한다.
임금은 예禮로서 신하를 부리고, 신하는 충성으로써
임금을 섬겨야 한다.
부모를 섬기되, 능히 그 힘을 다하라.

아침에 도道를 들으면, 저녁에 죽어도 좋으리라.
군자는 의義를 따르고, 소인은 이익을 따른다.
절약하는 사람은 잃는 것이 적다.
일은 민첩하게, 말은 신중하게 한다.
아랫 사람에게도 묻는 것을 부끄러워하지 않는다. (不恥下問)

노여움을 남에게 옮기지 않으며, 잘못한 일은
두번 다시 되풀이 하지 않는다. 알기만 하는 자는
그것을 좋아하는 자만 못하고, 좋아하기만 하는
자는 그것을 즐기는 자만 못하다.
군자는 한 곳에만 쓰는 그릇이 아니다. (君子不器)

자신이 서고 싶으면 남을 내세우고, 자기가 이루고
싶으면 남을 이루게 해준다. 나를 써주면 나아가
도를 행하고, 나를 버리면 물러나 들어 앉는다.
제멋대로 하거나, 기필코 하려거나, 고집하거나
나만을 생각하지 않는다. (毋意,毋必,毋固,毋我)

아직 삶도 모르는데, 어찌 죽음을 알 수 있으리.
스스로 반성하여 거리낌이 없으면, 무엇을 근심하고
두려워하겠는가. 사랑하면 그가 살기를 바라고
미워하면 그가 죽기를 바라는 게
인간의 미혹이다.

군자는 태연하되 교만하지 않고, 소인은 교만하되
태연하지 못하다. 선비가 편안히 살려고 한다면
선비라 하기에 부족하다.
사람이 멀리 생각하는 바가 없으면
반드시 가까운데 근심이 있다.(人無遠慮 必有近憂)

공자는 인仁을 실천하려고, 조국인 노나라를 떠나
천하를 누비며, 제왕들을 만나서 설득하였으나
일부 제왕들은 공자의 사상을 받아들였으나
이상과 다른 현실에 꿈을 이루지 못하였고
현실 정치보다 제자들 교육에 힘을 쏟게 되었다

호연지기 浩然之氣

공자의 학통學統은 증자에게 전해지고
증자는 공자의 손자인 자사에게 가르쳤고
자사의 문인門人에게서 맹자는 배웠다.
맹자의 학문은 공자에 뿌리를 두고
인의仁義를 강조한 왕도王道

유교儒敎의 경전인 공자의 '논어', 증자의 '대학'
자사의 '중용', 맹자의 '맹자'를
사서四書라 하고, 맹자는 기백氣魄이
왕성하여, '호연지기' '대장부론'을 저술하여
사람을 감동시키는 글을 많이 썼다.

맹자는 인의예지仁義禮智의 사단설四端說
어진 정치를 왕도王道의 바탕으로 삼았고
왕도와 패도霸道의 차이를 명확히 구별
맹자는 제나라의 선왕, 양나라의 혜왕에게
왕도를 펴려 하였으나, 받아들여지지 않았다.

이로써 맹자는 물러나서 교육에 전념하였고
제자들과 문답한 언행과 사상을 정리한
'맹자' 7편을 지었다.
맹자의 어머니 이씨李氏의 교육열敎育熱이
맹자를 위대하게 한 사실은 잘 알려졌다.

위 아래가 모두 이익만을 취한다면, 나라는
위태로워질 것이다. 이익은 끝없는 욕망으로
모든 걸 다 빼앗으려는 싸움을 일으킨다.
산 사람을 잘 살게 하고, 죽은 사람 장례를
잘 치르는 것이 왕도의 첫 걸음이다.

인자한 사람에게는 적이 없다.(仁者無敵)
하지 않는 것과 하지 못하는 것은 다르다.
너에게서 나온 것은 너에게로 돌아간다.
지키는 것은 요령이다.(守約也)
어찌 근본으로 돌아가지 않는가?

나는 나의 호연지기를 잘 기르고 있다.
호연지기는 말로 설명하기 어렵다 하였고,
몹시 크고 굳센 기운으로, 의義와 도道에 부합되는
공명정대함이라고 했다. 마음은 기운을 거느리고,
기운은 몸을 거느린다.

힘으로써 인仁을 가장하면 패자霸者이고
덕으로써 인을 행하면 왕도이다.
측은해하는 마음은 인仁의 실마리요
부끄러워하는 마음은 의義요
사양하는 마음은 예禮이다.

시비를 가리는 마음은 지혜로서, 사덕목四德目.
사단四端이다. 사람은 측은심, 부끄러워함,
사양, 지혜의 4가지 마음을 가지고 있어
4가지 덕목德目이라 한다.
맹자의 도덕관인 성선설性善說의 바탕이 된다.

그도 대장부이고 나도 대장부이거늘, 내 어찌
그를 두려워하겠는가? 천하를 남에게 주기는 쉬워도,
천하를 위하여 인재를 얻기란 어렵다.
순종하는 것을 바른 덕으로 삼는 것은 부녀자의 도리이나,
세태는 부녀자를 변하게 한다.

동쪽을 향하여 정벌하면 서쪽 오랑캐가 원망하고,
남쪽을 향하여 정벌하면 북쪽 오랑캐가 원망한다.
천시天時는 지리地利만 못하고
지리地利는 인화人和만 못하다.
남과 더불어 선을 행하는 것보다 중대한 일은 없다.

하늘의 뜻에 따르는 자는 생존하고,
하늘의 뜻에 거스르는 자는 멸망한다.
도는 가까운 데 있음에도, 이를 먼 데서 구하려한다.
지극히 성실하게 하면, 남을 감동시키지 못할 일이 없다.
정직하게 말해야, 도道가 드러난다.

성인은 다같이 옳다고 여기는 바를 먼저 깨달았을 뿐이다.
잡으면 남아있고, 놓으면 없어진다.
부귀도 빈천貧賤도 위세나 무력으로도
마음이 꺾이지 않아야 사내 대장부이다.
마음의 수양은 욕심을 적게 하는 방법밖에 없다.(養心 莫善於寡欲)

글자 때문에 말을 해치지 말고, 말 때문에 뜻을 해치지 말고
마음으로 미루어서 뜻을 알아야 한다.
하려고 한 것이 아닌데도 그렇게 되는 것은
하늘의 뜻이요, 부르지 않았는데도
저절로 닥쳐오는 것은 하늘의 명령이다.

군자에게 세가지 즐거움이 있으니(君子有三樂)
첫째, 부모 형제가 무고함이요
둘째, 우러러 하늘과 사람들에게 부끄럽지 않은 것이요
셋째, 천하의 영재를 교육하는 것이다.
천하에 왕 노릇은 즐거움이 아니다.

덕德에 들어서는 문門

대학大學과 중용中庸은 예기禮記 중에
포함되어 있었으나, 송대宋代에 주자朱子가
사서四書의 하나로 분리시켜 편찬
대학의 세가지 강령綱領은 명명덕明明德,
친민親民, 지어지선止於至善

여덟 가지 세부 조목은 격물格物, 치지致知,
성의誠意, 정심正心, 수신修身,
제가齊家, 치국治國, 평천하平天下
대학은 "초학初學이 덕에 들어서는 문"이고
유교의 실천 철학 및 정치 방법론

대학의 도는 밝은 덕을 밝히는데 있으며(明明德)
백성을 새롭게 하는데 있으며(親, 新民)
지극한 선(善, 착하고 순수함)에 머무르는데 있다.(止於至善)
바른 지식은 사물의 이치를 밝히는데 있다.

물건物에는 겉과 속이 있고,
일事에는 시작과 끝이 있으나,
먼저 하고 뒤에
할 바를 알면, 곧 도에 가까운 일이다.
덕을 밝혀서 천하를 태평스럽게 하려면
먼저 나라를 잘 다스려야 한다.

진실로 하루를 새롭게 할 수 있거든, 나날이 새롭게 하고,
또 날로 새롭게 하라 (苟日新 日日新 又日新).
진정성이 없는 자는 그 말을 다 할 수 없다.
군자는 반드시 홀로 있는 것을 삼가해야 한다 (必愼其獨也).

자신에 노여워하는 바가 있으면, 올바름을 얻지 못한다.
사람이란 친하고 사랑하는 사람에게 치우친다.
효도란 임금을 섬기는 방법이요
공손이란 어른을 섬기는 방법이요
자애란 백성을 부리는 방법이다.

마음으로 정성껏 구한다면, 비록 성취가
늦더라도 멀지는 않을 것이다.
덕은 근본이요, 재물은 말단이니
근본을 소홀히 하고 말단을 중히 여기면
백성들은 서로 뺏으려 다툰다.

자신을 수양하고, 집안을 화목하게 한 후에
나라를 다스리면, 천하가 태평해진다.
군자는 자신의 마음으로 남의 마음을 헤아린다.
웃 사람이 싫어하는 것은 아래 사람에게도 시키지 않는다.
마음이 넓어지면 몸도 편안해진다.

나라는 이익보다, 의義로써 이로움을 삼는다.
대학은 왕이 백성을 다스리는 정치학이었고
본질은 '덕德'으로 다스리는 것이었다.
어진 사람은 재물로써 몸을 일으키고
어질지 못한 사람은 몸으로써 재물을 일으킨다.

민중을 얻으면 나라를 얻게 되고, 민중을 잃으면
나라를 잃게 된다. 웃사람이 덕으로 사랑을 베풀면,
아랫사람은 의리로써 웃사람을 섬긴다.
정부에 재물이 모여들면 백성들은 가난해지고
재물이 흩어지면 백성들은 나아진다.

불편부당 不偏不黨

4서 중의 하나인 중용中庸은 전편前篇에서
중용, 후편後篇에서 성誠에 대하여 해설
중용의 '중中'은 조금의 기울어짐이나 치우침이 없는
불편부당不偏不黨의 뜻
'용庸'은 언제나 한결같은 평상심平常心
'성誠'이란 조금의 거짓이나 꾸밈이 없는 참됨

잠시라도 쉬거나 멈춤이 없이 마음을 다하는 성실함
중용은 성선설性善說에 바탕하여 하늘과 사람이
하나라는 사상을 주제로 삼고, 우주와 인간의 모든 것을
성誠에 귀결시키는 성리학의 기틀. '중용'은
원래 '대학'과 함께 '예기'에 속해 있었으나, 한대에
분리되었고, 주자의 연구로 '사서四書'에 넣었다.

하늘이 명命한 것을 성性이라 하고
성에 따라 행하는 것을 도道라하고
도를 닦는 것을 교敎라고 한다.
그 보이지 않는 바를 삼가며
그 들리지 않는 바를 두려워한다.
숨겨진 것보다 잘 드러나는 것은 없으며
작은 것보다 더 잘 나타나는 것도 없다.
군자는 때에 알맞게 행동한다.

지혜로운 사람은 지나치고
어리석은 사람은 미치지 못한다(過不及).
군자는 화합하면서도 함께 가지 않는다(和而不流).
사람이 도를 행하되
사람에게서 멀리 한다면 도가 될 수 없다.
말은 행동을 돌아보고, 행동은 말을 돌아보아야 한다.
멀리 가려면 가까운 데서 부터 시작한다.

조상의 뜻을 잘 계승하여 조상의 일을 잘 이어 나간다.
지知, 智·인仁·용勇 세 가지는 널리 통용되는 덕이다.
천하와 국가를 다스리는 데에는 아홉 가지 원칙이 있다해도,
이를 행하게 하는 것은 오직 하나, 인간의 정성이다.
사람으로써 사람을 다스린다(以人治人).

남이 한번으로 할 수 있는 일도 나는 백번을 하고,
남이 열번 하면 나는 천번을 한다.
지극한 정성은 신과 같다(至誠如神).
성誠이란 사물의 시작이요 끝이니
성실하지 못하면 만물은 없어 지고 만다.
군자는 움직이지 않아도 공경하며
말하지 않아도 믿음을 준다(不動而敬 不言而信).

배움을 좋아하는 것은 지知에 가깝고
힘써 행하는 것은 인仁에 가깝고
부끄러움을 아는 것은 용勇에 가깝다.
널리 배우고, 자세히 묻고, 신중히 생각하고
밝게 분별하고, 독실하게 행해야 한다.
지극한 덕이 아니면, 지극한 도는 없다.

시 삼백 편

세상에서 가장 오래된 시집詩集은 시경詩經
시경의 시는 풍風, 아雅, 송頌 3부분으로 분류
'풍'은 지방색이 풍부한 민요, '아'는 궁중의 아악과
귀족 사회의 시, '송'은 선왕先王과 성현을 비롯한
조상을 추앙·칭송하는 시詩

작자와 출처가 뚜렷하지 않은 시도 있는데
주周나라 초기에서 전국 시대 중기까지 1천년 동안
쓰여진 시詩는 원래 3,000여 편
공자가 간추려서 305편
이를 시삼백詩三百, 시경詩經의 내용

까치가 지은 보금자리에 비둘기가 와서 사네.
내 마음은 거울이 아니라서 남의 마음을 비쳐볼 수 없다오.
따스한 남풍이 불어와 대추나무 새싹을 어루만지네.
깊으면 입은 채로 건너고, 얕으면 옷을 걷고 건너야 하네.

동쪽 무지개가 곱다해도, 감히 손가락질하는 법 아니라네.
머리 감고 기름 못바르랴마는 누굴 위해 곱게 차릴 건가.
하염없이 걷는 이 길,
마음조차 흔들리네. 토끼는 깡충깡충 뛰어놀고,
꿩은 그물에 걸렸구나.

살아서는 집을 달리 해도
죽어서는 한 무덤에 묻히리(穀則異室 死則同穴).
푸르고 푸른 임의 옷깃, 내 마음에 시름을 안기네요.
아내를 맞이함에 어찌 송나라 공주라야만 되겠는가.
목숨이 다하거든 임의 곁에 묻치리라.

유유하고 사슴들이 울며, 들판에서 다북쑥을 뜯네.
두둥실 뜬 버드나무 배는 물결따라 잠길락 말락하네.
감히 맨손으로 호랑이를 잡을 수 없고
감히 걸어서는 황하를 건널 수 없다네.
편히 쉬려고만 하지마오.

슬프도다 나의 부모님, 나를 낳으시고 여위셨네.
높은 산을 우러러보며, 길은 큰 길을 가야한다오.
사람들이 말하기를 어진이는 어리석은 듯이 산다하오.
당신과 의좋게 술을 마시며, 당신과 함께 늙어가리라.

오늘밤은 어떤 밤이기에 이리도 좋은 임을 만났을까.
형제가 집안에서는 싸워도 밖에서 오는 수모는 함께 막는다.
살랑 살랑 동풍이더니 비바람되어 휘몰아치네.
집을 짓는데, 나그네 붙잡고 의논하는구나.

두려워하고 조심하기를 깊은 못에 임하듯이 하고
살얼음판을 밟고 가듯해야 하네.
우거진 저 버드나무, 그 그늘에 쉬고 싶네.
시 300편을 한 마디로 말하면 사악함이 없다.
(孔子, 詩三百 一言而蔽之 思無邪)

요순堯舜의 정치

요순堯舜시대 부터 진秦 나라 목공穆公때까지의
정치 역사 58편을 기술한 책
서경書經은 상서尙書 라고도 불리우며
하夏, 은殷, 주周의 사관史官이 쓴 경전
공자는 3천여 편을 1백 편으로 간추려 놓았다

공자의 생각으로는 전설적인 요임금이나 순임금이
다스리던 시대를 이상적 정치가 행해진 시기
이들은 법이나 형벌에 의한 정치보다
덕치德治로 다스렸고, 서경에는 이상적인 정치 철학을
기술한 왕도정치의 전범典範

삼강 오륜三綱五倫을 가르치되 너그러움이 있게 하라.
바르되 온화하게 하며, 너그럽되 엄하게 하며
굳세되 사납지 않게 하며, 단순하되 오만하지 않게 하라.
어진이가 초야에 묻혀 지내지 않게 하라(野無遺賢).

의심스러운 일은 하지 말아야, 모든 뜻이 옳게 이루어진다.
성실을 다하면 성공이 온다.
사람의 마음은 위태롭고, 도를 지키려는 마음은 희미해지니
정성을 하나로 모아, 진실로 중도를 취할 것이다.

도에 좇아서 살면 길늄 하고, 이를 거스르면 흉한다.

이는 그림자나 메아리와 같은 것이다.
형벌을 주는 것은 형벌이 없어지도록 교화하는 것이다.
죄없는 백성을 죽이느니, 차라리 법을 집행하지 말라.
항상 조심하고, 두려워하라.

듣기 좋은 말도 있으나, 말은 싸움을 일으킨다.
물이 없는데도 배를 띄우는 건 순리順理가 아니다.
백성은 나라의 근본이니, 근본이 튼튼해야 나라가 편안하다.
주인이 없으면 어지러워진다.
습관은 성품을 이룬다.

허물을 고치는데 인색하지 마라.
윗자리에 있을 때는 총명을 다하고
아랫자리에 있을 때는 충성을 다하라.
생각하지 않고 무엇을 얻으며
움직이지 않고 무엇을 이루겠는가.
하늘은 친한 이가 없으니, 공경하는 이와 친할 뿐이다.

결과가 좋으려면 처음부터 잘하라.
아는 것은 어렵지 않고, 그것을 행함이 어렵다.
백성이 하고자 하면
하늘도 반드시 이에 따른다(民之所欲 天必從之).
입은 수치를 가져오고, 갑옷과 투구는 싸움을 일으킨다.

준비하면 근심이 없다(有備無患).

큰 덕을 밝히어, 고조부모로 부터
현손玄孫에 이르기 까지 9대에 걸쳐 화목하게 한다.
수水, 화火, 금金, 목木, 토土, 곡식穀의 6가지 물자와
바른 덕正德, 이용利用, 후생厚生의 3가지 일이
잘 다스려져야, 만세토록 백성이 은혜를 입게 되리라.

자만하면 손해를 부르고, 겸손하면 이익을 받으니
이는 하늘의 도道이다. 관리가 덕을 잃으면
그 해독은 사나운 불길보다 더 무섭다.
하늘의 듣고 보심은 우리 백성을 통해 듣고 보는 것이다.
썩은 고삐로 여섯 필의 말을 몰듯이 조심하라.

묻기를 좋아하면 넉넉해지고
자기 생각만으로 일하면 성공하기 힘들다.
착한 일을 하면 백가지 복을 주고
나쁜 일을 하면 백가지 재앙이 온다.
하늘이 내리는 재앙은 피할 수 있으나
자신이 지은 죄와 벌은 피할 수 없다.

어진 이를 임용하되 두 마음을 품지 말며
간사한 자를 물리치는데 주저하지 말라.

백성을 잘 기르는政在養民 세 가지 일
첫째, 백성의 도덕심正德을 바로 잡고
둘째, 백성의 힘과 재물을 유리하게 쓰고利用
셋째, 백성을 풍족하게 한다厚生.

길흉화복 吉凶禍福

우주론과 인생관의 원리를 밝히는 지침서
주周나라 때 완성되었다 하여 붙여진 이름
주역周易 또는 역경易經
점술占術로 주로 쓰여졌으나
공자가 연구함으로써 널리 읽혀지게 된 경전經典
시대에 따라 그 해석에도 여러가지로 변화

주역의 8괘八卦는 고대 중국의 복희씨, 64괘는
신농씨가 만들었다는 전설. 64괘의 하나 하나에는
길흉화복을 판단하는 풀이
그 괘마다에 길흉화복을 판단하는 6개의 효사爻辭
이를 합치면 384 효
근래에는 주역이 운세를 점치는
사주풀이, 관상 등으로 오용되고, 철학이라 사칭되기도…

하늘乾은 크게 통하니 곧고 바르게 하면 이롭다(元亨利貞).
용龍이 밭에 나타나 있으니, 훌륭한 사람을 만나야 이롭다.
땅坤은 크게 통하니, 암말馬처럼 곧고 바르게 하면 이롭다.
서리를 밟으면, 장차 굳은 얼음이 얼 것을 안다.
군자는 일을 할 때, 그 시작을 잘한다.
나라를 세우고, 벼슬을 주는데 소인배를 써서는 안된다.
수레바퀴의 살이 벗겨졌으니
부부가 서로 눈을 흘기며 불화不和하게 된다.

호랑이의 꼬리를 밟아도 물지 않으니
모든 일이 잘 통하리라.
물 속에 잠겨있는 용潛龍이니
때를 기다리고 활동하지 말라.

굳게 지키기를 돌처럼 한다.
하루가 못가서 풀릴 것이니
곧고 바르게 하고 있으면 좋으리라.
큰 과일은 먹을 수 없으니, 때를 기다려라.(碩果不食)
같은 소리끼리 서로 응하며, 같은 기운끼리 서로 구한다.
겸손하면 막힘없이 통하니, 군자는 유종의 미를 거둘 것이다.

군자는 마음을 비우고 사람을 받아들인다.
군자는 예의가 아니면, 이행하지 않는다.
아내는 안에 바른 자리가 있고
남편은 밖에 바른 자리가 있다.
위를 덜어서 아래에 더해주니, 백성들이 한없이 기뻐한다.
공경으로써 안을 굳게 하고, 의리로써 밖을 바르게 하라.

좌나 우에 치우치지 않고 중도를 걸으면, 허물이 없으리라.
해가 하늘 한 가운데 오면 기울어지고, 달이 차면 이지러진다.
새는 보금자리가 불태워 질까봐 걱정한다.
주머니를 졸라매듯이 한다면

허물도 없고, 칭찬도 없으리라.
성실함이 있어야 친할 수 있다.

쉽고 간단한 데서 천하의 이치를 얻는다.
낳고 또 낳는 이치를 적은 것이 역술이다(生生之謂易).
역易에 만물의 근원인 태극이 있으니
태극은 음陰과 양陽을 낳는다.
곤궁하면 변하고, 변하면 통하고
통하면 오래 간다(窮則變 變則通 通則久).
빛나는 것을 머금고, 곧아야 한다.

천체의 운행이 건실하니, 군자는 이를 본받아
스스로 굳세어 쉬지 않고 힘쓴다.
호랑이가 노려 보듯이 그 욕심을 쫓아버리면
허물이 없으리라.
물은 습한 데로 흐르고, 불은 마른 데로 번져가고
군자는 군자의 벗이 있고, 소인은 소인끼리 어울린다.
군자는 입신하되, 방향을 바꾸지 않는다.

노魯나라 역사

춘추 시대 노나라의 역사를 기록한 편년체編年體
춘추春秋는 시경詩經, 서경書經, 역경易經,
예기禮記와 함께 5경五經
춘추는 공자가 윤리적 입장에서 비판, 수정하고
옳고 그름과 선악의 가치 판단을 내렸다.

'춘추'는 내용이 너무 간결하여
해설과 주석이 없이는 이해하기 어렵다.
이를 해설한 책이 '좌씨전左氏傳'이고, 정치 사건을 비롯하여
전쟁, 회맹會盟. 주요 인물의 왕래, 사망, 일식, 홍수, 대설大雪 등
자연 현상까지 기록

만일의 사태에 대비가 없이는 싸우지 마라.
악惡을 보거든, 농부가 잡초를 뽑듯이 뽑아라.
믿음이 없어지면 맹세는 아무 소용이 없다.
전쟁이란 용기로 한다. 어진 사람과 사귀고
이웃 나라와 화합하는 것이 나라의 보배이다.

나라가 흥하려고 할 때에는 백성에게서 듣고
망하려 할 때에는 신神에게서 듣는다.
향기로운 풀과 악취가 나는 풀을 한 곳에다 두면
십년이 지나도 악취만 난다.
입술이 없으면 치아가 시리다(脣亡齒寒).

나라에 이익이 되는 줄 알면
가만히 바라보고 있지 않음이 충성이다.
낮추고 양보하는 것이 덕의 근본이다.
승부는 상대의 기선機先을 제압하여
마음을 빼앗는 작전이 좋은 꾀이다.
약소 국가라고 얕잡아 보아서는 안된다.

창戈을 멈추게止 하는 것이 무武이므로
전쟁은 예방하는 게 중요하다. 하늘과 땅을 가로
세로 짠 천지의 무늬를 문文이라 하고
문화의 바탕이 된다. 미워하면 원망이 많다.
쫓기는 짐승은 오히려 싸우려고 덤빈다(困獸猶鬪).

하늘이 열어주는 바는 사람이 어쩌지 못한다.
이웃이 두터워지면, 자기 쪽은 엷어진다.
낮추고 양보하는 것이 덕의 근본이다.
강을 건너서 배를 불살으리라.
실을 풀려다가 도리어 헝클어 놓는다.

머리가 겁을 먹고, 꼬리가 두려우면
몸에 남는 것이 얼마나 되겠는가?
사랑하는 자식에게는 의로운 길을 가르쳐라.
풀이 무성하도록 버려두지 말라.

무武에는 일곱 가지 덕이 있다.
첫째, 난폭한 자를 억누르고
둘째, 무기를 거두어 싸움을 중지시키고
셋째, 나라와 임금을 보전하고
넷째, 싸운 공적을 공평히 나누고
다섯째, 백성을 편안하게 하고
여섯째, 만민의 화합
일곱째, 생활의 안정이다.
화복禍福에는 문이 없는지라, 오직 사람이 부를 뿐이다.
바탕이 있으면 무너지지 않는다(有基無壞).
소나무와 잣나무 밑에서는 풀이 번식하지 못한다.
그 아비는 땔 나무를 해놓았으나
그 자식은 짊어지지 않는다.

예절 규범

고대 중국의 예법禮法에 관한 이론과 실제
한漢나라 이후 수천 년간 예학禮學의 기본서
예기禮記는 당시의 생활 풍습과 사회 제도를
살펴볼 수 있는 역사 자료

예기는 의례儀禮, 주례周禮와 함께 3례三禮
인간 생활에서 지켜야 할 예절 규범을 총괄한 내용
제도나 법률에서부터 의식이나 범절範節을 포함한
사람의 인격 수양에서 천하의 경륜까지 기술

인생의 첫 교육인 태교胎敎에서부터
죽음인 장례에 이르는 모든 행사를 각 부문별로 정리
조선에서는 예절을 알아야 선비라 할 수 있었고
옛부터 우리나라는 예기에 충실한 동방 예의지국

즐거움을 다하려 해서는 안된다(樂不可極).
사랑하되 그 악함을 알고, 미워하되 그 착함을 알라.
예禮는 절도를 넘어서는 안된다(禮不踰節)
앵무새는 말을 한다해도 날짐승을 면하지 못한다.

여우가 죽을 때가 되면
제가 살던 언덕쪽으로 똑바로 향하는데
이는 근본을 찾는 인仁이다.

겨울에는 따스하게, 여름에는 시원하게 해드리며
저녁에는 잠자리를, 아침에는 문안을 드린다.

길을 가되 한복판으로 가지 않으며
문에 들어서되 그 한가운데에 서지 않는다.
존귀한 손님 앞에서는 개를 꾸짖지 않는다.
음악으로 마음을 고르게 하고
예의로써 외양을 다듬는다.

남이 환대해주기를 바라거나
남이 성의를 다해주기를 바라지 말라.
그래야 사귐은 두터워지고 오래 갈 수 있다.
소인이 남을 사랑하는 것은
편해지려는 일시적 방편이다.

친하면 친할수록 그 친함을 잃지 말고
오래되면 오래될수록 그 오래됨을 잃지 말아야 한다.
예의와 의리는 사람에게 아주 큰 실마리이다.
수입을 헤아려서 지출을 알맞게 하라(量入以爲出)

처음 학교를 세우면, 반드시 옛 성현과 스승님께
제사를 지낸다. 충신은 예의 근본이요
의리는 예의 아름다운 무늬이다.

예는 부부 사이의 도리를 삼가하는 데서부터 시작한다.

지극히 공경함에는 꾸밈이 없고
하늘의 도는 지극한 가르침이다.
부모가 사랑하는 바를 또한 사랑하고
부모가 공경하는 바를 또한 공경해야 한다.
오래된 허물은 말하지 않는다.

인仁은 음악에 가깝고, 의義는 예禮에 가깝다.
예의 첫걸음은 몸가짐을 바르게 하며
얼굴빛을 고르게 하며, 말을 순하게 하는 데 있다.
혼례는 장차 두 성씨가 의좋게 만나는 일(婚禮者 將合二姓之好)

옥玉도 갈고 닦지 않으면 그릇이 안 되고
사람도 배우지 않으면 도리를 알지 못한다.
음악은 사람의 내면에서 움직이는 것이고
예의는 사람의 외모에서 움직이는 것이다.
음악은 아름다운 덕의 꽃이다.

제7부

어머니 나라

꽃잎

가는 것도 없고
오는 것도 없는데

꽃이 시들어
떨어지는 아쉬움의 잔상殘像

푸른 물기를 머금으며
가슴 뛰고 설레었던

터질 것 같이
순수했던 꽃망울

이제 활짝 핀 꽃들의 미소
시간 가는 줄 모르는 환희

바람이 불어와도
금새 시들 줄 몰랐다.

떨어져 가는 이별
절망을 이야기 하지 않고
꽃은 꽃잎이 아니고
마음이 사라져 간다.

구름과 바람 속으로
먼지처럼 떠다니는 여행길

꽃잎은 구름 속에서
또 하나의 생명을 잉태한다.

선암사

아름다운 기둥 하나로 세워진 불이문不二門
도랑 건너 무성한 야생 차茶밭
질푸른 사이에 숨어있는 꽃망울
매화향을 닮은 은근함은
늙은 차나무가 피워낸 꽃향기

층층대를 올라
유연한 처마의 끝이 보이는
대웅전, 팔상전, 불조전, 정수원…
노장 스님의 금강경 독경 소리
선방에 불 켜지고, 모두 잠을 깨운다.

한평생 '나는 누군가' 따져 물었지만
스님은 답을 찾지 못하고, 헛일만 했다고
내 몸의 피고름 덩어리를 다스리지 않고
다른 이의 작은 종기를 고치려 설쳤으니
이제 집 나간 소牛의 흔적을 찾아볼까?

원효 스님은 요석 공주를 만나, 설총을 낳았으나
아들에 대한 집착은 없었네.
나의 실체는 물 위의 거품과 같은 것
눈에 보이는 거품을 잡으려고
손을 대는 순간에 사라지는 물방울

모든 것이 불태워지면 재가 되고
재가 바람에 날려 사라지면
공기와 흙, 물로 다시 돌아간다.
태어난 것은 태어난 것이 아니오(生卽不生)
죽어도 죽는 것이 아니라 돌아갈 뿐이다(萬事廻歸)

밀교密敎

부처의 깨우친 진리를 직설적으로
은밀하게 표출시킨 대승 불교
실천을 위주로 한 대중 불교 운동

불교의 전문 지식 위주로 공부하고
승려들 중심의 폐쇄적인 소승 불교
많은 신도들을 잃은 교단의 위축

실천 불교로서 대중에게 다가가는
밀교와 토속 신앙의 결합
고려 시대에 간행된 팔만 대장경

남아있는 밀교 장경의 기록
불상의 복장腹藏 유물에서 발견
밀교 사상의 이론적 원리를 밝힌 대일경大日經

실천법의 체계를 세운 금강정경金剛頂經
밀교의 근본 경전, 밀교의 수행자는 입으로
신비의 주문呪文인 진언眞言을 외우고 외운다.

신라 시대부터 전래된 밀교
고려와 조선 시대
밀교가 민중 신앙의 중추적 역할

밀교는 실천적 수행에 치중, 선禪이나
정토 신앙, 나라와 개인의 성취를 위하여
전쟁 방지, 병의 치료 목적을 위한 기원

진언을 외우고, 손으로 결인結印하고
마음으로 여래를 고요히 생각하며
민중을 파고 든 밀교 사상

사리탑, 오대산 신앙
3가지 재앙을 없애주는 활동
제석천帝釋天과 사천왕四天王의 신앙

부처를 믿는 사람에게
나라가 어려울 때
구제될 수 있는 방법과 내용을 제시

신라의 왕은 승려에게 부탁하여
기도를 통한 당나라 군사의 축출
고려의 백성도 몽골군의 격퇴를 빌었다.

신라의 왕이 조상의 명복과
나라의 안녕을 기원하는
경주 황복사 3층 석탑

탑의 2층에 부처의 사리와 함께
'무구정광다라니경'을 봉안
불국사 석가탑에도 다라니 밀교 경전 봉안

보수 과정에서 발견된 다라니경
도선 국사의 풍수 신앙을 믿은 고려 태조
해마다 열린 연등회와 팔관회 행사

조선의 태조도 무학 대사의 건의대로
새로운 기운을 얻고자 터가 좋다는
한강 유역으로 옮겨진 수도 한양

조선은 숭유억불의 불교 탄압 정책
세조를 비롯한 왕들의 불교에 의지
수명장수와 국가 평안을 바랐던 흔적들

밀교는 민간 신앙에 파고들어
수행법을 닦으면 육신 자체가
현생에서 나타나는 부처(卽身成佛)

지장경

끝없이 넓고 넓은 세계
말로도 다 할 수 없는 설법
구름 속에서 큰 빛을 보이시며
미묘한 음성으로 귀신들을 다스린
지장보살의 경전經典

불가사의한 신통력
오랫동안 고통받고 있는 중생들
넓은 세상에는 지옥이 있고, 없기도 하고
여인이 있기도 하고, 없기도 하고
서로가 인연이 있고, 없기도 하다.

한 여인이 무간 지옥에 떨어진
어머니를 구제하려는 흐느낌에
"우는 여인이여!
너무 슬퍼하지 말라.
여인의 정성은 하늘을 감동시킬 것이다."

효순한 자손의 어머니를 위한 공양
복을 빌며 열심히 쌓은 공덕
어머니와 함께 있던 죄수들까지
중생은 해탈하여
모두 천상에서 기쁨을 누렸다고

혼탁한 세상에 억세고 거친 중생들
사사로움을 떠나 바른 길로 가야하나
아직도 열에 하나, 둘은 악습에 빠져
구제되지 못하였구나.
지옥의 업보를 어찌 감당할 것인가?

중생이 부모에게 불효로 마음 상하게 하고
살인.절도.간음으로 세상을 어지럽히고
지나친 욕심으로 서로 재물을 탐한다면
그런 세상이 바로 무간 지옥
죽고나서 무슨 행복이 있으리오?

세상 인간들의 잘못된 생각
전쟁으로 인한 인명의 살상
천재지변으로 겪는 많은 희생
저세상에 지옥이 따로 있을 것인가?
윤회하는 세상은 잠깐 쉴 틈도 없다.

그물 속에 노는 물고기가 흐르는 물인 줄
잠시 벗어났다가 다시 그물에 걸리고
물고기가 많이 잡혀야 횡재
사람들은 마냥 기뻐하는데
물고기는 자신의 운명이 걸려있다.

능히 지극한 마음으로 공경하고
부모님의 생전에 지은 죄업을 씻어주면
망자는 인연으로 다시 가족으로 태어나고
비록 사람으로 다시 태어나도 가난하고
미천하고, 불구자가 되지 않도록 기도하라!

누구든지 과거를 돌아보면 기쁜 일보다
슬프고 괴로운 일들이 많이 떠오르는데
현세나 미래에서는 하늘이나 인간이거나
떠날 때는 가족도 그 무엇도 다 버리는데
베푸는 공덕의 지혜를 깨우칠진져…

물리학자 스티븐 호킹 박사는 유작遺作에서
"신神은 없다.
세상의 누구도 우주를 다스리지 않는다…
외계 생명체는 존재하고
인간은 태양계 어디든지 여행할 날이 올 것이다."

관세음 보살

수리 수리 마하수리 수수리 사바하
한자漢字로 "정구업진언淨口業眞言"
한글로 "입으로 지은 죄업을 깨끗이 씻어주는 참된 말씀"

천수경千手經은 천 개의 손
천 개의 눈을 가진 관세음 보살을 칭송
약한 인간에게 자비를 청하는 경전

참된 말씀 베푸시어 비밀스런 뜻 보이시고
제가 지은 죄업을 깨끗이 씻어주시고
하늘·땅의 모든 사물은 사랑으로 감싸시고

모든 번뇌 털어내고 고통 바다 어서 건너
깨달음으로 가는 길을 속히 알게 하시옵고
마음 따라 모든 소원 이뤄지게 하옵소서

이 세상의 모든 진리 속히 알기 원하옵고
자비로운 지혜의 눈 빨리 뜨게 하시옵고
고통에 시달리는 모든 중생 구제하시옵고

생로병사 고통 바다 벗어나기 원하옵고
번뇌없는 열반 경지에 오르기 원하오며
모든 지옥 내가 가면 절로 없어지기를…

동쪽에 물 뿌리니 마당이 깨끗하고
남쪽에 물 뿌리니 마음이 깨끗하고
서쪽에 물 뿌리니 깨끗한 나라되고

북쪽에 물 뿌리니 영원히 평안하네
인간으로 다시 태어나거나, 짐승이 되어 헤매는
윤회를 거두어 주소서.

사람이 지은 모든 악업惡業은 탐을 내고,
화를 내고, 어리석음貪瞋痴의 세 가지 독毒에서 생기니,
마음 비우면 죄악 또한 사라지네

오랜 세월 쌓인 죄가 한 생각에 없어지니
마른 풀 태우듯 남김없이 사라지네
진실한 참회로
옴 마니 반메 훔

아미타불

석가모니가 제자인 사리자에게
중생들에게 아무런 고통도 없고
즐거움만이 있는 곳을 말하였다.
그곳에는 난간이 일곱 겹이며

보배 그물이 일곱 겹이며
줄지어 선 나무가 일곱 겹인데
모두 네 가지 보배로 장식되어 있는
극락 세계에 아미타 부처가 계신다.

칠보로 된 연못에는 금모래가 깔려있고
연못 가운데에 수레바퀴처럼 큰 연꽃
푸르고, 누렇고, 붉고, 흰 빛깔의 광채
미묘하고, 향기롭고, 깨끗한 여운

그 둘레길을 따라가면
질서있게 꾸며진 누각
밤낮으로 하늘에서 내려오는 만다라 꽃
부처님께 공양하는 장엄한 세계

여러 빛깔을 가진 백학, 앵무, 공작
새들의 평화로움, 맑은 소리를 내는 세계
사리자여! 이런 새들이 죄업으로 짐승이
되어 태어났다고는 말하지 말아라.

그곳에서 가벼운 바람이 불면
나무와 그물에서 들려오는 미묘한 소리
이 소리를 들으면, 세상의 풍류를 모두
누리는 듯, 저절로 쌓이는 공덕

한량없는 빛으로 세상을 두루 비추고
생명은 유한有限하지 않아, 죽음의 공포에서
괴로워하지 않는 세계, 사리자여!
적은 선행이나 공덕으로 갈 수 있을까.

그것으로 저 세계에서 태어나길 바라는가?
억만금의 금은 보화로 인간이 살 수 있는
땅투기 대상도 아닌데?
지은 죄는 참회, 참되게 살아야 가능하리.

이기적인 생각은 누구도 뿌리치기 힘들고
온갖 향락을 누리면서 편히 살고 싶은 욕망
지은 죄는 많아지고, 주어진 복과 지혜는
부족하여, 항상 더러운 마음에 물들어진다.

잘못된 인연으로 싫어지는 사람들
물욕, 식욕, 색욕을 어찌 다 채우리
병들어 괴로워지고, 늙어가는 시간은
꽃이 시드는 것처럼 불현듯 지나간다.

죽는 것을 두려워하지 말고
오래 살려고 탐내지도 말라
삶의 애착과 마음을 놓으면 편해지는 세상살이
육신은 입은 의복같이 입었다가 벗는다

모든 생로병사生老病死는 마음속에서
연기처럼 일어나고, 사라진다
가없는 허공 끝에 의지할 데 없는
약한 인간들이여! 공덕을 쌓아 깨우치소서.

금강경

인간은 작정을 하고 세상에
태어나는 일은 없고
인연따라 세상에 나왔는데
삶과 죽음은 무엇인가?

사위성내 집집마다 다니시며
음식을 빌어, 성으로 돌아와서
걸식乞食을 하시고, 발을 씻은 뒤에
자리를 펴고, 석가는 법회를 이루시다.

사위국 기수급 고독원에서
장로 수보리가 가르침을 청하니
불교 경전 중에 으뜸으로 여기는
금강경은 이렇게 만들어졌다.

보통의 남녀들이 아뇩다라삼막삼보리심인
최상의 바른 깨달음을 얻었다면
그 마음을 어떻게 지니며
그 마음을 어떻게 항복받아야 합니까?

마땅히 번뇌의 마음을 항복시켜야 한다.
한량없이 많은 번뇌를 지닌 중생들을
다 제도하였다 해도, 실은 한 중생도
제도한 바 없느니라.

보살이 '나'라는 생각我相, '남'이라는
생각人相, '중생'이라는 생각衆生相,
"오래 산다"는 생각壽者相이 있으면
이는 곧 보살이 아니기 때문이다.

어떤 가르침에도 머무르는 바 없이 보시하라.
세상은 헤아릴 수 없이 넓은데
보살이 형상에 머물지 않고 보시하면
그 복덕은 가히 헤아릴 수 없으리라.

무릇 형상을 지닌 것은 모두 허망하니
만약 모든 형상이 진실상이 아님을 보면
곧바로 부처가 보일 것이니
부처도 나도 이름일 뿐이라는 것을 알라.

바른 믿음은 매우 드문 것이나
금강경 글귀를 듣거나
생각 한번으로
깨끗한 믿음을 내느니라.

진리는 취할 수도 없고
말할 수도 없다.
모든 성현들은 무위無爲의 가르침으로
자신의 뜻대로 되지 않는 현실을 안다.

모든 가르침은 금강경에서 나오니
금강경의 네 글귀라도 받아 지녀
남을 위해 말해주는 것이 복덕이고
복덕에 탐착할 일은 아니다.

부처는 진리를 말한 바 없고
'나', '남', '중생', '오래 산다'는
일체의 관념을 떠나면
어떤 가르침도 복덕도 없는 것이다.

현상계는 일체가 하나이고
모든 마음도 마음이 아니라
이름이 마음일 뿐이다. 과거, 현재, 미래의 마음도
이름일 뿐인 것을…

부처가 있다함은
부처가 있음이 아니다.
나도 없고, 남도 없고, 중생도 없고
오래 사는 것도 없으며, 부처도 없다.

만약 모양으로 나를 보려하거나
음성으로 나를 찾으려한다면
올바른 수행의 자세가 아니니
능히 부처를 보지 못하리라.

부처는 어디로부터
오는 바도 없고
어디로 가는 바도 없다.
부처의 모습은 고요하고, 그윽하다.

현상계는 참된 것이 아니고
꿈, 헛 것, 물거품, 그림자 같고
이슬 같고, 또한 번개 같으니
마땅히 이와 같이 볼지니라.

온갖 망상으로 부터 일어나는 그림자들
모든 모습은 일어났다 사라지고
존재하는 모든 것은 변해가는 허망함
인생은 제행무상(諸行無常)

내가 있다는 집착을 버리고
남이 있다는 집착도 버리고
오래 산다는 집착도 버리면
살고 죽는 것도 없다.(諸法無我)

불 속에서 타고 남은 재는 먼지가 되어
바람 속에 흩날리는 미세한 공기
언제, 어디에서도 항상 떠돌고 있다.
구름은 비가 되어, 다시 흙으로 돌아간다.

천국

자기가 응원하는 야구나 축구팀이
이기고 지고
맘대로 되지 않는 세상 일

재벌이 되었다가 망가지는 사람
대통령했다가 징역 가는 사람
조롱거리가 많은 세상 일

세상은 고통의 바다
맘대로 되었다가도
맘대로 되지 않는 세상 일

쾌락을 즐기다가 찾아오는
고통의 아수라장은 지옥
선한 영혼으로 떠나는 순례길

이기고 지는 것도 없고
아프고 죽는 것도 없고
즐겁고 행복하기만 한 곳

돈과 명예, 건강도
근심과 걱정도 사라지고
아름다운 꽃과 나비의 춤

인간의 끝없는 욕심
죄를 짓고 살아야 하는 어리석음
하늘에서는 아무런 의미도 없다.

멀고 먼 산티아고 순례길
걸어가는 성직자와 신도들
세상 가운데서 체험하는 진실의 기도

부자가 되는 것도
높은 직위에 오르는 것도
오래 살려고 하는 것도…

고통과 시험에 든다는 생각
슬픔과 아픔까지도
하늘의 축복이라는 생각

모두에게 베풀며 살아가고
죄를 짓지도 말아야하고
선하게 더불어 살아간다면

죽음의 문턱에서 다가가는
세상의 끝이 아니라
살고있는 우주가 바로 천국

인생은 아름다운 선물
마음속에 자리하는 편안함
사는 날까지 올리는 진실한 기도

구도求道하는 믿음의 모습
베푸는 마음은 아름답고
무지와 아집은 벗어나게 해주시옵소서!

은진 미륵

논산시 은진면 관촉리 관촉사
몸에 비하여 손과 발이 커보이는 돌부처
높이 17.8 미터의 거대함으로 서 있는
사람과는 다른 사람의 형상

은진 미륵이라 불리는 석조 미륵보살
국보 제323호
얼굴에 꽉차게 표현된 눈, 코, 입과 귀
살찐 세상 사람의 특이한 모습

미륵은 도솔천에서 미래 세상으로 나와
불쌍한 중생을 구제한다는 믿음, 신라 시대에는
화랑이 있었고, 백제 시대에 미륵 3존불이
연못 속에서 출현했다는 설화說話

고구려 때 죽은 어머니가 미륵불로 환생
3국 통일 전쟁의 암울한 현실에 처한
백성들은 구원을 갈망하였고
간곡히 기다렸던 미륵불의 출현

미륵 신앙은 아미타 신앙과 합쳐져
많은 절을 지어 미래를 기원한 민중들
근대에는 후천 개벽 사상의 증산교
신흥 종교 운동의 이념적 토대

은진 송씨宋氏 세거지世居址에 가면
길가에서 친근하게 다가오는 커다란 형상
몸·허리의 구분이 없는 뚱뚱한 원통형
미소 지으며 언제나 서 있는 미륵불

인생의 달인

인간에게 운명이란 어떤 것인가?
운명은 결코 바꿀 수 없는 게 아니라
착한 생각과 착한 일이 운명을 바꾼다.

사람들은 성공을 꿈꾸고 노력을 해도
성공한 사람들은 간혹 있으나
누구나 모두 성공하지 못하고

성공한 사람들은 운이 좋았거나
아니면 특별한 능력을 갖고 태어났을까?
인생은 자신이 그리는 대로 간다.

마음에 무엇을 그리는가?
인생은 흰 종이에서 그려지는데, 적당히
막연하게 그려서는, 거의 성공할 수 없다.

무슨 일을 조금하다가 포기하고 싶으나,
끈질기게, 이제 더 할 수 없다는 경지에 이르면
해결의 열쇠를 찾거나, 도와주는 사람도 있다.

강렬하게, 그것도 계속되는 필사의 노력
생계 수단이 아니라, 영혼의 수련 과정
일을 좋아하면서 계속해야 비범해진다.

일에 질리지 않고 꾸준히 노력해 온 사람들
그 분야에서 명인이나 달인
그들은 일을 통해 영혼을 닦아온 사람들

성공을 위해 수단과 방법을 가리지 않았다면
좋은 결과를 얻더라도 불행에 빠질 수 있고
세상과 사람을 위한다는 평범한 기본 과제

옥천 사람들

짤깍 짤깍
시계는 멈출 줄 모르고
시간 여행을 떠나면

실개천이 흐르고
지즐대는 옛 얘기로
정지용의 시가 들리는 곳

손씨는 대장간 일로 땀을 흘리고
평범한 아낙네인 부자집 고모 할머니
밭일로 해가 지는 줄을 모르셨다.

육씨는 논밭을 끝없이 늘려가고
서울로 유학을 떠난 부자집 따님
시집가서 대통령 영부인이 되셨다.

가선대부를 지내신 할아버지
이웃에 사는 순씨 처녀와 혼인하여
후손들은 농사지으며 그럭저럭 살았다.

전쟁을 피해 내려가던 행렬
주린 배를 채워주려고
죽을 쑤어 모두에게 나눠주시던 인심

금강은 대청호로 흘러가고
수몰된 고향 마을
산천도 세월도 함께 변하였네.

어머니 나라

아침해가 뜨면
어둠을 헤치고 깨어나
네 발로 기어다녔다.

첫돌을 맞은 날
무사히 잘 자라주어
고마워 하는 잔치상

온종일 옹알이 하고
걸음마를 배우느라 넘어지며
귀여운 재롱을 피우던 아기들

어느덧 한낮의 태양 아래
두 발로 서서 떠나는
세상 어딘가로의 여행길

집에서 가까운 교회
그곳 유치원을 다니고
초·중·고교를 다녔다.

인생은 비바람 속에서
눈이 내려도 시간은 머물지 않고
안개 속에서 사람들과 만나고, 헤어지고

바다 건너 처음 가본 나라
대학에서 만난 다양한 사람들
외국어를 익히며 쌓은 우정

하늘을 날아 찾아간 보금자리
뜨거운 태양 아래
와이키키 해변으로 밀려오는 파도

플랑크푸르트에서 파리로
너희들과 함께 간 유럽의 옛 고도古都
알프스의 설경雪景도 잊을 수 없었네

워싱턴에서 노을이 붉게 물들 때면
지구 반대편에서는 지팡이 짚은
세 발의 노인

어둠에 쌓인 밤이 되면
졸다가 잠이 든다
영원한 꿈길 속에 빠져들고

동해의 푸른 바다 넘어 수평선
계절마다 옷을 갈아입는 설악산
엄마가 가고 싶은 고향

어릴 적 아기 모습이 보일듯
철없는 아이들 모습이 보일듯
어머니, 아버지 모습이 보일듯

이국을 떠나 종착역에 내린 사람들
본래 고향을 찾는 사람들
어머니, 아버지가 계신 나라

계간문예시인선 146

차성만 제4시집 _ **봄을 알리는 새**

초판 인쇄 | 2019년 10월 25일
초판 발행 | 2019년 10월 30일

지 은 이 | 차성만
회   장 | 서정환
발 행 인 | 정종명
편집주간 | 차윤옥

펴낸곳 | 도서출판 **계간문예**

편집부 | 03132 서울 종로구 삼일대로 30길 21 종로오피스텔 1209호
주소 | 03132 서울 종로구 삼일대로 32길 36 운현신화타워 305호
전화 | 02-3675-5633, 070-8806-4052
팩스 | 02-766-4052
이메일 | munin5633@naver.com
등록 | 2005년 3월 9일 제300-2005-34호
ISBN 978-89-6554-207-0 04810
ISBN 978-89-6554-118-9 (세트)

값 10,000원

잘못 만들어진 책은 바꾸어 드립니다.

이 도서의 국립중앙도서관 출판예정도서목록(CIP)은 서지정보유통지원시스템 홈페이지(http://seoji.nl.go.kr)와 국가자료공동목록시스템(http://www.nl.go.kr/kolisnet)에서 이용하실 수 있습니다. (CIP제어번호: CIP2019043459)